DIE PARTEIAUTONOMIE IN INTERNATIONALEN KAUFVERTRÄGEN

DIE PARTEIAUTONOMIE IN INTERNATIONALEN KAUFVERTRÄGEN

von

MILAN PAK

Springer-Science+Business Media, B.V 1967

ISBN 978-94-017-5807-9 ISBN 978-94-017-6242-7 (eBook)
DOI 10.1007/978-94-017-6242-7

Ursprünglich erschienen bei Martinus Nijhoff, The Hague, Netherlands 1967.
Softcover reprint of the hardcover 1st edition 1967

INHALT

EINLEITUNG

Gegenstand der vorliegenden Untersuchung ist ein Teilbereich der Privatautonomie im Internationalen Privatrecht, nämlich die Privatautonomie im internationalen Kauf. Diese erfuhr seit dem Ende des vorigen Jahrhunderts teilweise aus wirtschaftlichen, teilweise aus politischen Gründen verschiedene Wandlungen. Die rasche Aufwärtsentwicklung des internationalen Warenverkehrs brachte es mit sich, daß der Staat in steigendem Maße reglementierend in diesen Verkehr eingriff. Die dabei angewandten wirtschafts-politischen Methoden und Instrumente bedürfen der rechtlichen Erfassung und Beurteilung, eine Aufgabe, die sowohl der Lehre, als auch der Praxis große Schwierigkeiten bereitet.

Um den rechtlichen Standort und die Bedeutung der Privatautonomie im Internationalen Privatrecht, insbesondere im internationalen Kauf bestimmen zu können, ist der genannten Entwicklung nachzugehen, und zu untersuchen, welcher rechtlichen Mitteln sich der Staat zur Beeinflußung des internationalen Warenaustausches bediente.

Zunächst erschien die Privatautonomie als notwendiges Postulat des erweiterten zwischenstaatlichen Warenaustausches, der durch den klassischen Kaufvertrag und sein Statut eine rechtliche Sicherheit für die vertragsschließenden Parteien gewähren sollte. Diese Aufgabe vermochte die Parteiautonomie mit der zunehmenden Verflechtung der Weltwirtschaft nicht mehr zu erfüllen. Vor allem aber führte die im Gefolge der ideologischen Entwicklung auftretende wirtschaftliche Blockbildung zu einer Begrenzung der Parteiautonomie, die in den Instrumenten der internationalen öffentlichen Ordnung, der heimatlichen öffentlichen Ordnung, der Qualifikation, Rückverweisung und Verweisung usw. ihre rechtlichen Gestaltungen erlangt. Als weitere Umstände, die für die Begrenzung der Parteiautonomie von Bedeutung sind, treten hinzu: wirtschafts-politische Maßnahmen, wie z.B. Devisenvorschriften und Zahlungsübereinkommen, typisierte Kaufvertragsstatute, international-privatrechtliche Usancen sowie zwischenstaatliche Konventionen über den gegenseitigen Warenaustausch. Der Entwicklung der Privatautonomie im IPR. ist unter Berücksichtigung der genannten Einflüße nachzugehen. Dabei soll sich die Darstellung auf das Gebiet beschränken, in dem der breiteste und wichtigste Anwendungsbereich der Privatautonomie liegt: den Austausch körperlicher, beweglicher Sachen.

Im ersten Kapitel wird die geschichtliche Entwicklung der Parteiautonomie des IPR. von ihren Grunderscheinungen im Handelsverkehr zwischen den italienischen Hafenstädten bis zum heutigen Tage dargelegt. Dazu wird eine Analyse derjenigen politischen und rechtlichen Gegebenheiten versucht, die für die Anerkennung des Parteiwillens zur Regelung international-privatrechtlicher Rechtsverhältnisse maßgeblich waren. Außerdem wird ein Überblick über jene Rechtsverhältnisse gegeben, in denen der Grundsatz der Parteiautonomie keine Anerkennung besaß.

Im zweiten Kapitel werden die Arten der Parteiautonomie unter Berücksichtigung ihrer Anerkennung durch die nationalen Rechtsordnungen betrachtet.

Das dritte Kapitel untersucht die Bedeutung der Parteiautonomie für das Bestehen und die Abwicklung international-privatrechtlicher Kaufverträge.

Das vierte Kapitel befaßt sich mit der Begrenzung der Parteiautonomie durch Kollisionsnormen, Devisenvorschriften, Handels- und Zahlungsübereinkommen und andere zwischenstaatliche Vereinbarungen über Warenverkehr und Leistungen.

Im fünften Kapitel wird die Begründung der Parteiautonomie durch Gesetzgebung, Rechtsprechung und Lehre dargestellt, wobei auf die praktischen Konsequenzen der unterschiedlichen Meinungen einzugehen ist.

Im sechsten Kapitel soll geprüft werden, ob und in wieweit heute die Parteiautonomie der rechtlichen Sicherheit im internationalen Warenaustausch förderlich oder abträglich ist.

Das siebente Kapitel handelt über die Bedeutung der Parteiautonomie in typisierten Verträgen und Musterverträgen privater Unternehmungen sowie übernationaler Wirtschaftsvereinigungen.

Das achte Kapitel untersucht im einzelnen bestehende internationale Konventionen, in denen die Parteiautonomie mittelbar oder unmittelbar als Regelungsprinzip anerkannt ist.

Das neunte Kapitel untersucht die Rolle der Parteiautonomie im

Haager-Einheitsstatut und zeigt die neuesten Entwicklungen zur Lösung der in der vorliegenden Arbeit untersuchten Problematik.

Abschließend werden die gewonnenen Ergebnisse überprüft und aus ihnen einige Vorschläge zur Lösung des Problems der Parteiautonomie im IPR. entwickelt.

ERSTES KAPITEL

BEGRIFF UND WIRKUNG DER PARTEIAUTONOMIE

A. *Geschichtliches über die Entwicklung der Parteiautonomie im IPR.*

Die Parteiautonomie entwickelte sich historisch aus der Konzeption eines individualistischen Zivilrechtes auf der Grundlage des Privateigentums. Die schnelle Ausweitung des zwischenstaatlichen Warenaustausches führte zu einer Einengung der Eigentumsrechte im internationalen Verkehr. Parallel mit dieser Entwicklung wurde die Parteiautonomie begrenzt, so daß man in jüngster Zeit kaum noch von einer uneingeschränkten Parteiautonomie sprechen kann.

In der Lehre wird die Meinung vertreten, daß die Parteiautonomie im IPR. auf das dreizehnte Jahrhundert zurückgeht und als Grundsatz zur Regelung des Warenverkehrs zwischen den Hafenstädten Italiens galt.[1] Es ist daher nach der Grundlage der Statutentheorie der italienischen Schule des dreizehnten Jahrhunderts zu suchen. Die Juristen dieser Schule übertrugen das zivilrechtliche Prinzip der Willensautonomie in die Theorie der Statuarkonflikte, womit sie Abweichungen von der Anwendung der Realstatute rechtfertigen wollten. So hat z. B. Rochus Cortius die Anwendung des Rechtes des Vertragsabschlußortes mit der stillschweigenden Parteiübereinstimmung, die nach seiner Auffassung schon im Vertrag gegeben war, begründet. Die Juristenschule in Bologna hat, da das Testament in jener Zeit als Institut des Obligationenrechtes behandelt wurde, das Prinzip der Parteiautonomie zur Begründung der Anwendung des Personalstatutes *de cuius* in Fragen testamentarischer Nachfolgeschaften angenommen. Zusammenfassend kann man sagen, daß das Prinzip der Parteiautonomie der italienischen Schule lediglich eine Fiktion war, die zur Rechtfertigung von Statuarrechten nach dem Grundsatz des Vertragsabschlußortes diente.

Die Ideen der Statutenschule hat im 16. Jahrhundert der Franzose Charles Dumoulin erweitert und auch im Bereich des Ehegüterrechts

[1] Schnitzer, *Handbuch des Internationalen Privatrechts*, S. 85.

ausgedehnt. Er hat die Anwendung des Personalstatutes *(coutume de domicile)* des Ehemannes auf die Güterrechte beider Ehegatten vorgeschlagen, um damit das unangenehme Ergebnis eines gespaltenen Statutes – Einzelstatute auf Teile der Ehegüter – zu vermeiden. Seinen Vorschlag begründete er mit der Unterstellung des stillschweigenden Parteiwillens im Ehevertrage. Bei der *coutume*-collision im Rahmen von Schuldverhältnissen knüpfte Dumoulin ausdrücklich an den Parteiwillen an; deshalb gilt er in der Rechtslehre als Vater des Prinzips der Parteiautonomie. Die Lehre Dumoulin hatte zugleich politisch die Festigung der königlichen Gewalt in Frankreich zur Folge, da in immer stärkerem Umfange das Statut der Stadt Paris vertraglich vereinbart wurde. Dem Rechtspartikularismus wurde durch Abdingung der Territorialstatute ein Ende gesetzt, wodurch wiederum wegen der vergleichsweise großen Liberalität des Pariser Statutes die französische Wirtschaft einen großen Aufschwung nahm.[2]

In umfassenderer Weise stellte sich das Problem der Parteiautonomie im 17. Jahrhundert den Juristen der holländischen Schule. Bis dahin war die Parteiautonomie für die Frage maßgeblich, welches Stadt- oder Provinzstatut eines Staates anzuwenden sei. Mit der zunehmenden Ausweitung des Handels über die Staatsgrenzen hinaus stellte sich nunmehr neben dem interlokalen das internationale Kollisionsproblem. Die holländischen Juristen standen damit vor einer weit schwierigeren Aufgabe als die Italiener; an ihre Lösung mußte mit großer Vorsicht herangegangen werden.

Antwerpen war damals ein Mittelpunkt des Welthandels, Kaufleute aus der ganzen Welt trafen sich dort. Als wichtiger Handelsstaat hatte Holland bereits eine sehr fortschrittliche Gesetzgebung, die vom Feudalrecht schon weit entfernt war und sich den Bedürfnissen eines sich ausweitenden Welthandels angepasst hatte. So vereinbarten die Kaufleute auf der Grundlage des Territorialitätsprinzips holländisches Recht. Bei der grundsätzlichen Anerkennung des Territorialitätsprinzipes gestatteten die holländischen Juristen aber auch ausnahmsweise die Anwendung fremden Rechtes, wenn dies die internationale Höflichkeit verlangte. Paul Fut war der Meinung, daß fremdes Recht nur dann angewandt werden könne, wenn objektive Anknüpfungspunkte dafür gegeben seien (Vertragsabschlußort, Erfüllungsort usw.). Dagegen ließ er die privat-rechtliche Vereinbarung fremden Rechts ohne derartige Umstände nicht gelten.[3] Burgundus dagegen war der Auffas-

[2] Jezdic, *Medjunarodno privatno pravo,* Beograd, 1961, S. 141.

[3] Geradin, *De la loi applicable en vertu de l'autonomie des parties contractantes,* Paris, 1919, S. 80.

sung, daß einer Vereinbarung eines Vertragsstatutes auch in Holland die Anerkennung nicht versagt werden dürfe, soweit der Vertrag in einem fremden Land geschlossen wurde. Er hebt jedoch hervor, daß auf sämtliche in Holland geschlossene Verträge holländisches Recht anzuwenden sei.[4] Am Ende des 17. Jahrhunderts hat Johann Voet darauf hingewiesen, daß in der Lehre ein großes Durcheinander hinsichtlich des stillschweigenden und des vorausgesetzten Parteiwillens herrscht. Nach seiner Meinung haben der stillschweigende und der vorausgesetzte Parteiwille das gleiche Ziel wie der ausdrückliche Parteiwille. Insgesamt gesehen hat die holländische Schule die Lehre von der Parteiautonomie ein Stück vorangetrieben, ohne jedoch wesentlich weiter fortgeschritten zu sein, als die italienische und die französische Schule.

Im 18. und 19. Jahrhundert weiten sich Technik, Produktion und Warenaustausch erheblich aus. Im Bereich der nationalen Rechtsordnung kommt es zu einer breiten Anerkennung der Parteiautonomie, die auch teilweise gesetzlich ihren Niederschlag findet. Auf dem Gebiet des IPR. dagegen bahnt sich die Parteiautonomie nur schwer ihren Weg. Nur selten findet sich in dieser Zeit ein klarer Hinweis darauf, welches Recht bei einem Streit um die Rechte und Pflichten aus einem grenzüberschreitenden Kaufvertrag anzuwenden sei. Im 18. Jahrhundert kam es zu einer Spaltung in zwei Schulen. Die Autonomisten waren für die Anerkennung der Parteiautonomie, schlugen jedoch gewisse Begrenzungen vor. Die Antiautonomisten verwarfen das Prinzip der Parteiautonomie und schlugen vor, daß das Kollisionsproblem grundsätzlich durch das Territorialitätsprinzip zu lösen sei ohne Rücksicht auf den Willen der beteiligten Parteien.

Erst zu Anfang des 19. Jahrhunderts wurden einzelne Fragen der Parteiautonomie systematisch bearbeitet. Dabei regten einzelne Juristen an, den Parteiwillen als Anknüpfungsmoment im Schuldrecht anzuerkennen, dies aber nur unter bestimmten Voraussetzungen. Im Grundsätzlichen wurde damals um folgende Fragen gestritten: Welches ist der Charakter einer Privatautonomie? Können die Parteien durch ihren Willen Rechte schaffen, oder ist der Parteiwille ein zufälliger Umstand aufgrund dessen bestimmte materielle Normen angewandt werden müssen? Können die Parteien überhaupt über die Rechtsgültigkeit eines Vertrages entscheiden? All diese Fragen waren auch noch am Ende des 19. Jahrhunderts streitig und bedürfen teilweise auch heute noch einer klaren Lösung.

[4] Geradin, *op. cit.*, S. 80.

Am Ende des 19. Jahrhunderts führte die Lehre von Brocher und Bar zu einem starken Rückgang der Bedeutung der Parteiautonomie.[5] Ihre Anschauungen vertiefte noch Pillet, der gründliche Kritik der Parteiautonomie vornahm. Der Einfluß dieser berühmten Juristen wirkt teilweise noch heute fort. Die sich auf eine Analyse der Rechtslehre gründende Kritik des Parteiwillens von Pillet ist logisch und formal überzeugend. Sie trägt allerdings den Bedürfnissen des Rechtsverkehrs keine Rechnung und ist deshalb für die Praxis unbrauchbar. (Näheres dazu unten). Pillet hat die Parteiautonomie zwar nicht ganz abgelehnt, sich jedoch gegen ihre übermäßige Ausbreitung gewandt.[6] Er sah die Gefahren einer Derogierung der heimatlichen imperativen Normen und einer Bevorzugung des internationalen Handels gegenüber dem Binnenhandel. Niboyet, ein Schüler Pillets, war ebenfalls ein zäher Gegner der Parteiautonomie. Nach seiner Auffassung unterliegen lediglich handelsrechtliche Beziehungen der freien Vereinbarkeit durch die Parteien. Er bestritt das Prinzip der Parteiautonomie als solches. Denn die Parteien könnten das, was sie nach ihrem Heimatrecht vereinbaren können, auch nach dem internationalen Privatrecht vereinbaren, deshalb sei die Verweisung auf ein ausländisches Recht nichts anderes, als der Beitritt zu einem typisierten Kaufstatut, also zu einem Vertrage, der auch nach inländischem Recht gestattet wäre. Pillet und Niboyet und ihre Schüler haben die Zweiteilung der Lehre über die Parteiautonomie noch vertieft.[7]

Die Gesetzgebung entsprach in dem genannten Zeitraum noch keineswegs den Bedürfnissen des internationalen Handelsverkehrs. Die bestehenden gesetzlichen Vorschriften wurden zu dem uneinheitlich ausgelegt, was zu voneinander abweichenden Entscheidungen führte.[8] Bei Gesetzeskonflikten werden z. B. in Deutschland als Anknüpfungspunkte das Gesetz der engsten Bindung und der Erfüllungsort, in

[5] Sauser-Hall, „Le droit applicable aux obligations en droit international privé," *Zeitschrift für Schweizerisches Recht,* 44, S. 280.

[6] Pillet, *Principes,* S. 429.

[7] Jules Valrery, *Manuel du droit international privé* 1940; Dann Jitta, Diena, Rolin, Neumayer und Niemeyer waren Gegner der Parteiautonomie, ihre Verteidiger aber waren Anzilotti, Dumas, Bourrel, Lord Philimore u.a. (Nach Melchior, *Die Grundlagen des Deutschen Internationalen Privatrechts,* S. 320).

[8] So hat Art. 1134 des *Code Civil* (Les conventions légalement formées tiennent lieu de la loi à ceux qui les ont faites) zahlreiche und verschiedene Kommentare hervorgerufen.

Frankreich aber der Vertragsabschlußort angenommen.[9] Die Parteiautonomie erscheint in der damaligen Rechtsprechung nur als stillschweigender oder hypothetischer Parteiwille, der lediglich die Anwendung bestimmter Anknüpfungspunkte rechtfertigt. Eine ausdrückliche Verweisung auf ein bestimmtes ausländisches Recht war in dieser Zeit noch recht selten.

Die anglo-amerikanische Gerichtspraxis des 18. und 19. Jahrhunderts kennzeichnen bedeutende Verschiedenheiten. Britische und amerikanische Vertragspartner zeigen nicht mehr Interesse für eine Rechtsverweisung als ihre europäischen Festlandspartner. Die englischen und amerikanischen Gerichte wenden in dieser Zeit größten Teils dasjenige Recht an, das aufgrund stillschweigender oder hypothetischer Parteivereinbarung gelten soll. Die Einschränkung der Parteiautonomie und die Unsicherheit der gerichtlichen Entscheidungen ist ähnlich wie diejenige in Europa. Hierfür seien einige Beispiele genannt.[10]

Zu Anfang des 19. Jahrhunderts urteilte der *Supreme Court* der USA erstmalig, daß bei Verträgen das Recht des Abschlußortes, ausnahmsweise aber auch das vereinbarte Recht maßgeblich sein solle. Diese Ausnahme wurde später zur Regel.[11] Dabei wurde anerkannt, daß der Parteiwille imperative Normen des inländischen Rechtes derogieren kann.[12]

Schon im Jahre 1861 rückt die Rechtsprechung von diesen Grundsätzen ab, und zwar zunächst hinsichtlich des Zustandekommens des

[9] Siehe darüber bei Batiffol, *L'affirmation de la loi d'autonomie dans la jurisprudence française,* S. 220 und bei Widmer, *Die Bestimmungen des maßgeblichen Rechtes im internationalen Vertragsrecht,* S. 113–115.

[10] Siehe bei Jeanprêtre, *Les conflits de lois en matière des obligations contractuelles selon la jurisprudence et la doctrine aux Etats Unis,* S. 154.

[11] Das Urteil in dem dieses Prinzip angewandt wurde, war: Powers v. Lunc; näheres siehe bei Jeanprêtre *op. cit.,* S. 32.

[12] Vgl. den case Prentis v. Cavage, 1816, in dem das Gericht den Vertrag, der in einem amerikanischen Staat abgeschlossen wurde, als rechtsgültig erklärte, obwohl er im Widerspruch zu zwingenden Normen dieses Staates stand und als solcher nichtig gewesen wäre. Der Vertrag wurde nämlich an einem Sonntag abgeschlossen, was in diesem Staate unzulässig war. In dem Urteil hieß es, es sei englisches Recht anzuwenden, da nichts so eindeutig im Einklang mit dem Geiste der Gesellschaft und des Rechtes stehe, als die Anerkennung des Grundsatzes des hypothetischen Parteiwillens, nach dem die Rechtsgültigkeit des Vertrages zu beurteilen sei, Jeanprêtre, *op. cit.,* S. 32.

Vertrages,[13] dann aber auch hinsichtlich der Abwicklung des Vertrages. Anknüpfungspunkt wird nunmehr ausschießlich der Abschlußort.[14] Dieser Rechtsprechung schließen sich viele Gerichte der Föderalstaaten an. Der Grund für diese Entwicklung ist darin zu suchen, daß die Gerichte die inländischen amerikanischen Vertragspartner vor den wirtschaftlich stärkeren Engländern und Franzosen schützen wollen. Als dann später das wirtschaftliche Potential der USA dasjenige seiner Handelsrivalen erreicht hatte, wurde dieser Grundsatz fallen gelassen und den Vertragsparteien ein Optionsrecht zugestanden, aufgrund dessen sie über den Anknüpfungspunkt des Vertragsabschlußortes und des Erfüllungsortes nach freier Wahl entscheiden konnten. Diese Änderung zeigt eine Wendung zugunsten einer begrenzten Anerkennung des Parteiwillens im internationalen Kaufrecht. Aber auch diese Begrenzung wurde später fallen gelassen, und sowohl die Lehre, als auch die Praxis haben die unbegrenzte Parteiautonomie im Vertragswesen anerkannt.

Wenn wir nun sämtliche allgemeinen Merkmale der Parteiautonomie im dargelegten Zeitraum zusammenfassen, müssen wir einerseits feststellen, daß sie in großem Umfange mit materiell-rechtlichen Normen des inländischen Rechtes umgeben ist, die durch die Parteien einverständlich ausgeschlossen werden können; andererseits wird sie einem begrenzten Kreise von Gesetzen unterstellt, deren Auswahl dem Parteiwillen überlassen ist. In Urteilen wird allgemein von einem stillschweigenden oder hypothetischen Parteiwillen gesprochen, von einer ausdrücklichen Rechtsverweisung durch den Parteiwillen ist selten die Rede. Die Begrenzung der Möglichkeiten einer Verweisung auf das Recht eines oder mehrerer fremder Staaten war damals jedoch nicht von großer Bedeutung, denn es herrschte unbegrenzte Freiheit über Vereinbarungen von bürgerlichen Rechten (Regelung gegenseitiger Rechte und Pflichten bezüglich Lieferungen, Zahlungen, Lieferungsarten, Terminen, Risikobefreiungen, Bestimmungen über Vertragsstrafen usw.), außerdem gab es noch keine wirtschaftspolitischen Rahmenvorschriften (wie z.B. Ein- und Ausfuhrbewilligungen, Devisenvorschriften), sowie andere Begrenzungen der Parteiautonomie.

[13] Vgl. case Carnegie v. Morisson, in dem es heißt, es sei als maßgebend das Recht des Vertragsabschlußortes anzuwenden, sofern nicht durch Parteivereinbarungen zwingende Normen bezüglich des Bestehens des Vertrages abbedungen seien.

[14] Vgl. case Ackers v. Demond; dort wird bestätigt, daß auf den Vertrag nur das Recht des Vertragsabschlußortes angewandt werden kann.

Die Parteiautonomie wurde als gesetzliches Institut am Ende des 19. Jahrhunderts anerkannt und wurde 1811 im Allgemeinen Bürgerlichen Gesetzbuch Österreichs (§§ 36, 37), 1844 im Serbischen Bürgerlichen Gesetzbuch (Art. 46) und im Jahre 1888 im Allgemeinen Gütergesetz von Montenegro (Art. 892) normiert. In anderen Ländern fand die Parteiautonomie erst in der Zeit zwischen den beiden Weltkriegen ihren gesetzlichen Niederschlag, z.B. in Polen durch das Gesetz für internationales Privatrecht im Jahre 1926 (Art. 7) und in Griechenland durch das Zivilgesetzbuch vom Jahre 1940, das erst 1946 in Kraft trat (Art. 25). Nach dem zweiten Weltkrieg erschien in der Tschechoslowakei (1948) das Gesetz für internationales Privatrecht (Art. 9) und das Zivilgesetzbuch für Ägypten (Art. 9).[15] Zur Entwicklung dieser Kodifikationen, sowie überhaupt zur Lehre über die Parteiautonomie haben am Ende des vorigen und in diesem Jahrhundert die rasche Entwicklung der Industrie und des Welthandels beigetragen, die in den wirtschaftlich entwickelten Ländern große Warenüberschüsse schufen, die auf den Weltmarkt gebracht werden mußten. Der internationale Kauf hat nun diese Länder zum Verlassen des Grundsatzes „*Laissez faire, laissez passer*" gezwungen, und dadurch hat auch die Parteiautonomie ihren Eingang in das Vertragswesen gefunden. Um aber den heimischen Vertragspartnern dieser Staaten im Welthandel eine bezugte Stellung zu sichern, erfuhr der Parteiwille zugleich auch seine Begrenzungen durch verschiedene zwingende Vorschriften für den internationalen Kauf. Diese gegenläufigen Interessen und die zu ihrer Sicherung ergriffenen Maßnahmen haben heute das Problem des Parteiwillens sehr unübersichtlich gemacht. Es finden sich in der Lehre die unterschiedlichsten Meinungen, in der Rechtsprechung zu gleichen Fragen verschiedene Entscheidungen. Die Begleiter der Parteiautonomie wurden verschiedene Instrumente, wie Qualifikation, Rückverweisung und Verweisung, der nationale und der internationale *ordre public* usw, die neben den Begrenzungen durch Kollisionsnormen in dem internationalen Kauf eine große Wahlfreiheit des Kaufstatuts brachte, zugleich aber durch verschiedene Deutungen der genannten Instrumente eine gewisse rechtliche Unsicherheit mit sich brachten.

Nach dem zweiten Weltkrieg kam es zu einer weiteren Beschränkung der Parteiautonomie, die durch typisierte Kaufstatute für den

[15] Der Grundsatz einer Parteiautonomie ist auch in Gesetzen und Gesetzentwürfen anderer Länder enthalten, in denen sich Normen über internationale Rechtsverhältnisse finden.

internationalen Kauf besonders charakterisiert ist. Allerdings gab es schon vor dem zweiten Weltkrieg Formularverträge großer Welthandelsgesellschaften, nach denen diese den Warenverkehr mit dem Vertragspartner abwickelten. Jedoch gibt es heute Statuten von Staaten und Staatenblöcken, die naturgemäß die Privatautonomie einschneidender begrenzen, als dies die genannten Formularverträge großer Firmen zu tun vermochten.[16]

An dieser Stelle sei noch darauf hingewiesen, daß es heute Länder gibt, in denen die Parteiautonomie fast gar keine Bedeutung besitzt. Sie wird hier lediglich bei ganz bestimmten Verträgen und unter ganz bestimmten Bedingungen anerkannt.

In der UDSSR ging bis zum zweiten Weltkrieg die ganz überwiegende Meinung dahin, daß der Außenhandel nur durch internationale Verträge geregelt werden könne. Diese Auffassung ging von der Tatsache aus, daß der Außenhandel ein Monopol des Staates ist. Da sich der Staat bei Außenhandelsgeschäften verpflichte, könne eine wirksame Bindung des Staates nur durch einen zwischenstaatlichen Vertrag begründet sein.[17] Dieses Prinzip wurde tatsächlich auch in der Praxis fast bis zum heutigen Tag zur Regel, und der Außenhandel wurde durch internationales öffentliches, nicht aber durch internationales Privatrecht geregelt. Erst in neueren Schiedssprüchen und Gerichtsentscheidungen, sowie auch in Lehrmeinungen wird die Auffassung vertreten, der internationale Kauf sei dem Prinzip der Parteiautonomie unterworfen. In diesem Sinne kam es auch zur Annahme der Willensautonomie im Vertrage der Osteuropastaaten SEV vom Jahre 1951 über gegenseitige wirtschaftliche Hilfe, wo unter den allgemeinen Lieferungsbedingungen auch die Willensfreiheit im Vertragsabschluß anerkannt wird. Im Jahre 1958 wurde eine neue Konvention durch diese Staaten unterzeichnet, in der unter bestimmten Bedingungen ausnahmsweise ebenfalls die Willensautonomie der vertragsschließenden Parteien anerkannt wird. Weitere Beispiele bilden einige Handelsverträge osteuropäischer und asiatischer Staaten.

In Jugoslawien galten bis zum zweiten Weltkrieg verschiedene Rechtssysteme, wodurch das Kollisionsproblem beim Warenaustausch auftrat. Alle in Betracht kommenden Rechte aber sind im Hinblick

[16] Die Londoner Corn Trade Association verfügte über Formularverträge für 73 Länder. Deshalb kann angenommen werden, daß sie über ein spezielles Büro verfügen mußte, das den Welthandel beobachtete und sachangemessene Vorschriften aufstellte.

[17] Lunc, *Mezdunarodnoe casnoe pravo,* S. 225.

auf internationalen Kauf sehr liberal und erkannten den Parteiwillen ausdrücklich an. Nach dem zweiten Weltkrieg kam es zuerst zu einer Begrenzung der Willensautonomie, da der Außenhandel bestimmten behördlichen Restriktionen unterstellt wurde. Doch bereits im Jahre 1952 erging das Gesetz über die wirtschaftliche Selbstverwaltung, das den Parteiwillen im internationalen Kauf grundsätzlich anerkannte. Zur Zeit wird an einer jugoslawischen Kodifikation eines Internationalen Privatrechtes gearbeitet, deren Entwurf in Kürze erscheinen soll.

Die geschichtlichen Betrachtungen zum Parteiwillen und zur Parteiautonomie auf dem Gebiet des internationalen Privatrechts haben einen breiten Anwendungsbereich der Willensfreiheit gezeigt. Diese muß sich jedoch heute, nach einem großen Aufschwung, mehr und mehr in einem Labyrinth von Begrenzungen behaupten.

B. DER EINFLUSS POLITISCHER UND WIRTSCHAFTLICHER ERSCHEINUNGEN AUF DIE ANERKENNUNG DER PARTEIAUTONOMIE

Wir haben schon gesehen, daß die Ausweitung der industriellen Produktion einen bedeutenden Einfluß auf die Entwicklung der Weltwirtschaft und damit auch auf die Entwicklung des internationalen Warenverkehrs hatte. Einerseits mußten die Warenüberschüsse der Industriestaaten abgesetzt werden, andererseits mußten die Industriestaaten sich mit Rohstoffen versorgen. All das führte zu einem regen Warenverkehr, der durch internationalen Kaufvertrag geregelt werden mußte. Die Zahl der Handelsgesellschaften in den einzelnen Staaten und der Umfang der gegenseitigen Lieferungen wuchsen ständig; dadurch entstand eine Vielzahl von Rechtsverhältnissen, die es zu regeln gab. Wir haben auch schon den wirtschaftlichen Aufschwung der USA erwähnt und festgestellt, daß dort ein Optionsrecht bestand, nach dem die Parteien eines Vertrages Statute nach dem Vertragsabschlußort und nach dem Erfüllungsort wählen konnten. Hier wollen wir betonen, daß auch Deutschland den Erfüllungsort als Anknüpfungspunkt annahm, um dadurch die Anwendung eines weniger günstigen Rechtes für seine Staatsbürger zu sichern. In Frankreich waren die Seehafenstädte ein Treffpunkt für Kaufleute aus aller Welt und hier wurde das französische Recht als maßgeblich vereinbart.

Die Bestrebungen einzelner Staaten, Verträge ihrem Heimatrecht zu unterstellen und dadurch den heimatlichen Vertragspartner zu schützen, waren wohl eine zeitlang angebracht. Auf die Dauer bedeuteten sie aber eine Hemmung des internationalen Warenverkehrs und führten zu einer rechtlichen Unsicherheit im internationalen Kauf.

C. BEGRÜNDUNG DES PRINZIPES DER PARTEIAUTONOMIE DES INTERNATIONALEN PRIVATRECHTS DURCH DIE RECHTSLEHRE

In der Rechtslehre begründeten die Anhänger des Prinzipes der Parteiautonomie ihre Meinung mit der rechtlichen Sicherheit, die die Willensautonomie in das Vertragswesen gebracht hat. Die Gegner der Parteiautonomie argumentierten, die Parteiautonomie führe gerade zu einer Unsicherheit im internationalen Rechtsverkehr.[18] Sie wollen das Problem durch den Grundsatz des objektiven Anknüpfungspunktes lösen. Mit der Anwendung dieses Grundsatzes kommen sie jedoch zu sehr verwirrten Entscheidungen, denn das durch die Qualifikation nach objektiven Kriterien zu bestimmende Recht wird nicht immer auch das von den Parteien gewollte sein und auch Gerichte können bei ihren Entscheidungen große Schwierigkeiten haben. Davon wird allerdings noch später im einzelnen die Rede sein.

Wir wollen nun versuchen zu analysieren, welche Auswirkungen die Annahme des Vertragsabschlußortes und des Erfüllungsortes als Anknüpfungspunkt hat.

Wird an den Abschlußort angeknüpft, so unterstehen die gesamten Vertragsbeziehungen einem einheitlichen Recht. Dieses muß aber nicht immer das von den Parteien gewollte sein. Wenn zum Beispiel zwei Kaufleute auf der Durchreise durch ein Land, in dem keiner von

[18] Beale, einer der verbissensten Gegner der Parteiautonomie begründet seine Kritik mit den Bedürfnissen der Praxis und sagt, das Internationale Privatrecht diene nicht nur dazu, den Gerichten in Streitfällen eine Entscheidung zu ermöglichen; es würde den Parteien auch sagen, welches Recht anzuwenden sei, um dadurch Zeitverluste im Verfahren zu vermeiden. Die Lehre hat nach seiner Meinung keine solche Regeln zu bieten vermocht. Deshalb hat er vorgeschlagen, man solle auf die Wirkung des Vertrages die *lex loci solutionis* und auf die Rechtsgültigkeit des Vertrages die *lex loci contractus* anwenden. Nach unserer Meinung sind aber durch eine solche Lösung nicht alle Schwierigkeiten beseitigt; praktisch aber kann es zu einer Vertragsteilung kommen, durch welche noch neue Unsicherheiten durch die Qualifikation von Teilen des Vertrages verursacht werden. (Vgl. Jeanprêtre, *op. cit.*, S. 109).

beiden seinen ständigen Wohnsitz hat, dessen Staatsangehörigkeit auch keiner von beiden besitzt, einen Vertrag abschließen und der Vertrag in diesem Lande erfüllt werden muß, so ist es klar, daß eine solche Regelung unsachgemäß, weil rein zufällig ist. In anderen Fällen wird es vielleicht schwer möglich sein, den Vertragsabschlußort zu bestimmen, da hierüber, soweit es sich um einen Vertragsabschluß zwischen Abwesenden handelt, unterschiedliche Meinungen bestehen. Zu diesen Schwierigkeiten können noch Fragen über die Feststellung des Zeitpunktes des Vertragsabschlusses kommen, der davon abhängig sein wird, ob sich diese Fragen nach der Theorie der Annahmeerklärung des Angebotes, des Empfanges des Angebotes, oder nach dessen Erkenntnis richten. Die Lösung dieser Fragen ist vom Gericht oder von der Schiedsinstanz abhängig, von denen der Streit geführt wird, die aber zugleich nach dem Grundsatz der *lex fori* die Qualifikation des Vertragsabschlußortes bestimmen. Manchmal wird es sogar schwer sein, im Vertrag festzustellen, wer der Anbieter und wer der Annehmer ist.[19] Hinzu kommt, daß im Außenhandel oft Käufe durch Ferngespräch, Fernschreiben oder Post usw. abgeschlossen werden, wobei noch größere Schwierigkeiten für den internationalen Warenverkehr entstehen.

Nimmt man den Erfüllungsort als Anknüpfungspunkt *(lex loci executionis)*, so tauchen ähnliche Schwierigkeiten auf, wie beim Vertragsabschlußort. Außerdem können aber Verträge auch mehrere Erfüllungsorte enthalten.[20] Der Verkäufer kann z. B. die Hälfte der Ware dem Käufer in Belgrad, die andere Hälfte in Genua zu übergeben haben. Im Vertrage kann der Erfüllungsort auch fakultativ oder alternativ angegeben werden, die Parteien können auch nach Vertragsabschluß einen anderen, als den im Vertrage genannten Erfüllungsort vereinbaren.[21] Obwohl in der Regel der Erfüllungsort mit dem Ort der Lieferungspflicht zusammenfällt, kann es auch Fälle geben, wo als Erfüllungsort der Ort bestimmt wird, in dem der Käufer seine Pflicht zu erfüllen hat. Die Vertragspartner können es auch durch Zufall oder absichtlich unterlassen haben, im Kaufvertrage einen Erfüllungsort zu

[19] Widmer, *op. cit.,* S. 111.

[20] In Rechtsordnungen, in denen Erfüllungs- und Lieferungsort unterschiedlich behandelt werden, stellt sich die Frage, ob das Gericht als Erfüllungsort den Ort bestimmen wird, in dem der Käufer die Ware übernommen hat, oder den Ort, in welchem der Verkäufer die Ware dem Käufer zur Verfügung stellt, ohne Rücksicht auf Übernahme der Ware.

[21] Homberger, *Die obligatorischen Verträge im internationalen Vertragsrecht nach der Praxis des Schweizerischen Bundesgerichtes,* S. 43.

nennen. Welches Recht ist anzuwenden, wenn es gleich nach Vertragsabschluß zu einem Streit kommt? Die Möglichkeiten zur Feststellung mehrer Erfüllungsorte machen den Vertrag nicht nur bezüglich des anzuwendenden Rechts unsicher, sondern auch bezüglich einer möglichen Spaltung des Vertrages, und dies kann zur Anwendung mehrer Rechte führen. (In älteren Entscheiden der Schweizerischen Gerichte werden auf verschiedene Teile von Verträgen verschiedene Gesetze angewendet.)[22] Die Folge einer Vertragsspaltung sind oft ganz verwirrte Schlüsse, die zu lächerlichen Entscheidungen führen müssen. Wenn z. B. auf Teile eines Vertrages schweizerisches und auf Teile dieses Vertrages deutsches Recht angewandt wird, so geht das Risiko für den zufälligen Untergang der Ware nach schweizerischem Recht mit der Ausscheidung zwecks Lieferung (Art. 185, 220 OR), nach deutschem Recht aber erst mit der Übergabe der Ware (§ 446 BGB) über. Von diesem Moment hängt auch das Sachgebrauchsrecht ab. Die Bezahlung der Ware wird nach deutschem Recht nach dem Moment der Übergabe, nach schweizerischem Recht aber nach dem Moment des Vertragsabschlusses bzw. der Ausscheidung der Ware beurteilt. Der Käufer kann also den Verkäufer anhalten, daß er ihm die gekaufte Ware zur Verfügung stellt, der Verkäufer ist aber nicht verpflichtet, dies zu tun. Der Verkäufer kann nach seinem Rechte die Bezahlung verlangen, der Käufer ist aber nicht verpflichtet zu bezahlen. Der Preis wird also wie ein Ball sein, der hin und her geworfen werden kann, und wenn der Käufer ihn bezahlt, so kann er sofort nach der Zahlung eine Klage wegen ungerechtfertigter Bereicherung erheben.[23] Die Anhänger der Lehre der Vertragsspaltung versuchen die aufgezeigten Mängel zu beheben, indem sie eine abgesonderte Regelung der Verpflichtungen für jede Vertragspartei einführen, also für jeden Partner nur eine Rechtsordnung anwenden, ohne Rücksicht auf die Verpflichtungen der anderen Partei. Bei einer solchen Betrachtungsweise wird aber der Rechtsgrund des Schuldverhältnisses zweifelhaft, denn nach dem Recht des Verkäufers ist die Verpflichtung, die das Recht des Käufers ihm auferlegt, nicht vorhanden.

Knüpft man an das Domizil an, so kann es ebenfalls zu Vertragsspaltungen kommen. Die Verweisung auf das Domizilrecht des Verkäufers begünstigt den Verkäufer, weil sie einerseits den Käufer hin-

[22] Werner-Widmer, *Die Spaltung des Vertrages bezüglich seiner Wirkungen im schweizerischen internationalen Privatrecht,* S. 101–103, 250–251.

[23] Herzfeld, *Kauf und Darlehen im internationalen Privatrecht,* S. 293.

dert, auf ein anderes Recht zu verweisen, andererseits aber auch den Verkäufer hindert, Verträge mit Käufern abzuschliessen, die sich auf ein anderes Verkaufsstatut berufen wollen. Die Anwendung von Recht nach dem Grundsatz des Domizils, bzw. der Staatsangehörigkeit ist nur üblich in Fällen, wo beide Vertragsparteien die gleiche Staatsbürgerschaft besitzen. Die Qualifikation der oben genannten subsidiären Anknüpfungspunkte wird von einer rechtlichen Unsicherheit begleitet, die auch bei der Parteiautonomie zu finden ist. Dies ist aber bei der Parteiautonomie nur der Fall, wenn im Vertrage eine Verweisungsklausel auf ein bestimmtes Recht fehlt, bzw. wenn in der Verweisung nicht angeführt ist, ob diese sich auf das materielle Recht, das Kollisionsrecht oder auf beide Rechte bezieht. Wenn jedoch eine solche Klausel im Vertrag enthalten ist, so kann das zur Entscheidung angerufene Gericht diese Klausel dahin deuten, daß eine Verweisung sowohl auf das materielle Recht, als auch auf die Kollisionsnormen gegeben ist. Diese kann allerdings andere Anknüpfungspunkte enthalten, nach welchen es zu einer Anwendung von Rechten kommen kann, die von den Parteien gar nicht gewollt waren. Auch der stillschweigende Parteiwille stärkt nicht die rechtliche Sicherheit des Vertrages, denn die Annahme einer stillschweigenden Vereinbarung hängt in einigen Ländern von der Erfüllung gewisser Voraussetzungen ab.

D. AUSSCHALTUNGEN DER PARTEIAUTONOMIE BEI BESTIMMTEN TATBESTÄNDEN

Nicht bei allen Vertragstypen wird die Parteiautonomie als maßgebliche Grundlage der Regelung gegenseitiger Rechte und Pflichten anerkannt. Im internationalen Schuldrecht ist die Parteiautonomie in der Regel der primäre Anknüpfungspunkt für die Bestimmung des Gesetzes, das nach dem Vertrage zur Regelung der Rechte und Pflichten der Vertragsparteien anzuwenden ist. Es können aber Besonderheiten auftreten, die es verbieten, die Regelung bestimmter Tatbestände dem Parteiwillen zu überlassen. Die nachfolgenden Betrachtungen sollen einige Beispiele für international-privatrechtliche Schuldverhältnisse zeigen, in denen nicht an den Parteiwillen angeknüpft werden kann. Es handelt sich hierbei insbesondere um die Regelung des Risikoüberganges, die Regelung von Verpflichtungen unter Eheleuten und den Kauf von Immobilien.

(1) Die Parteiautonomie und die Gefahrtragung

Die Regelungen über die Gefahrtragung wurden in das Recht als Instrument zur Sicherung des Vertragswesens aufgenommen, wobei insbesondere der internationale Warenverkehr berücksichtigt werden sollte. Nach der klassischen Auffassung war die Gefahrtragung mit der Sachherrschaft verbunden und es galt der Grundsatz: *res perit domino;* der Gefahrübergang vollzog zich gleichzeitig mit dem Eigentumsübergang, woraus die Regel der *lex rei sitae* entstand. Die neuere Zeit führte zu einer zeitgemäßeren Auffassung über die Gefahrtragung mit der Einführung des Grundsatzes der *lex contractus,* die besonders in den Handelsusancen ihren Niederschlag fand.[24] Da aber auch hier verschiedene Auffassungen bestehen, wird die Entscheidung im Einzelfall von der Qualifikation nach der *lex fori* abhängig sein.[25] Dies soll an einem Beispiel erläutert werden:

Eine inländische Handelsgesellschaft verkaufte an eine italienische Firma pulpierte Himbeeren. Diese sollten in Blechfässern geliefert und zur Verhinderung einer Gärung mit einem gestimmten Prozentsatz von Ameisensäure versetzt werden. Bei Ankunft der Ware am italienischen Bestimmungsort wurde ein Mindergewicht von 1000 kg festgestellt. Die Ursache dieses Mindergewichtes war die Ausrieselung des Himbeersaftes, die durch Gärung verursacht war. Der Verkäufer bewies, daß er sämtlichen Vertragsverpflichtungen hinsichtlich der Verpackung und der Verhinderung der Gärung nachgekommen war. Es fragt sich nun, welche der Vertragsparteien für das Mindergewicht zu haften hat. Die Vertragspartner haben eine Transportversicherung nicht abgeschlossen und im Vertrage keine Übereinkunft über die Gefahrtragung getroffen. Für den Fall eines Streites war jedoch das Recht des Lieferanten vereinbart. Hier muß nun die Gefahr – die Lieferungsgefahr als Rechtsprinzip – in einer Vorfrage gelöst werden, die nach der *lex fori* geregelt wird. Nach dem Heimatrecht des Lieferanten, also nach den Usancen für den Warenverkehr hat der Gefahrübergang ebenso wie die Anwendung der Usancen selbst dispositiven Charakter.[26] Da für einen Streit über die Vertragsabwicklung das Recht des Lieferanten gelten soll, gilt dies auch für die Frage des

[24] Diese Auffassung vertreten auch die jugoslawischen Usancen für den Warenverkehr (Usance 2).

[25] Dieses Beispiel ist aus der Praxis der jugoslawischen Außenhandelsarbitrage genommen, einige Umstände sind aber zur besseren Verdeutlichung des Gegenstandes zusammengefaßt.

[26] Jugoslawische Usancen 2 und 71.

Gefahrübergangs. Dies ist nach dem Heimatrecht des Lieferanten der Zeitpunkt der Übernahme der Ware durch den Käufer.[27] Der Käufer kann danach weder Schadensersatz verlangen noch den Kaufpreis mindern. Sollte nun im gleichen Falle das Gericht eines anderen Landes entscheiden, nach dessen Recht der Gefahrübergang sachenrechtlich beurteilt wird, so muß die Entscheidung anders ausfallen. Da wird unter den gleichen Umständen geprüft, ob das Recht des Käufers, oder das Recht eines dritten Landes anzuwenden sei, in dem sich die Ware befindet. Nach dem Grundsatz der *lex rei sitae* wird dann die Qualifikation des Gefahrüberganges als Sachenrecht zu Gunsten des Käufers entscheiden.

In der Lehre werden vier Grundsätze für die Regelung des Gefahrüberganges vertreten, und zwar:

(1) Gefahrübergang mit Sachübergabe
(2) Gefahrübergang mit Vertragsabschluß
(3) Gefahrübergang mit Lieferung
(4) Gefahrübergang mit Eigentumsübergang

Weiter muß bei der Frage des Gefahrüberganges die Vorfrage des Momentes, in dem sie anzuwenden ist, um die Regel der *rei sitae* wirken zu lassen, überprüft werden; denn bewegliche Sachen können in verschiedenen Ländern liegen.[28] Wenn wir diesen Fragen noch die Regelung unter abwesenden Personen hinzufügen und den schnellen Warenverkehr im modernen Transport berücksichtigen, dann ist klar, wie schwer eine Entscheidung für die Praxis ist.

Trotz der genannten Schwierigkeiten grundsätzlicher und tatsächlicher Natur hat die Praxis in den meisten Fällen einen Ausgleich gefunden. Denn die Unterschiede der Systeme betreffen im wesentlichen Species-Sachen, die im internationalen Warenaustausch keine so große Bedeutung haben. Zudem wird die Gefahrtragung meist durch Formularverträge, allgemein anerkannte Gefahrtragungsklauseln (f.o.b., f.a.s. usw.), oder durch Verweisung auf die Usancen eines bestimmten Landes geregelt. Im letzten Fall kann durch die Qualifikation des Gefahrüberganges als Sachenrecht durch Anwendung der Regel der *lex rei sitae* der Parteiwille ausgeschlossen werden. Solche Fälle sind aber in der Praxis selten, da in Ländern mit einem entwickelten Handelsverkehr Regeln über den Gefahrübergang des Kaufvertrags fast immer dispositiver Natur sind.

[27] Jugoslawische Usancen 2 und 71.
[28] Siehe dazu Jezdic, *op. cit.*, Bd. 1, S. 151.

Auch die Entwicklung des Versicherungswesens hat die Bedeutung des Gefahrübergangs vermindert, obwohl im Transportwesen die Versicherung einiger Warenzweige nicht üblich ist.[29] Auf diesem Gebiete gibt es noch viele Fragen, die einer Lösung harren, wie z.B. die Pflicht zum Abschluß einer Versicherung, die Bezahlung der Prämie, der Umfang der Warenversicherung usw.

Nach den obigen Ausführungen kann die Gefahrübertragung grundsätzlich durch Vereinbarung oder durch Verweisung auf das Recht eines bestimmten Landes geregelt werden, sie kann aber auch durch die Qualifikation nach der *lex fori* oder nach anderen Regeln des IPR geregelt werden.

Es sollen nun noch einige Ausführungen gemacht werden über die Parteiautonomie und die Gefahrübertragung bei Warensendungen, die nicht individualisiert sind und an mehrere Käufer versandt werden. In der Praxis sind nichtindividualisierte Warensendungen an verschiedene Käufer eine Seltenheit und es kommt dabei zu schwierigen Problemen (wie Getreidelieferungen, Erze, Kohle, Erdöl usw.). Diese Waren können manchmal nur unter bestimmten Bedingungen zur Versendung kommen und bedürfen beim Transport einer besonderen Sorgfalt. Hier stellt sich die Grundfrage der Individualisierung von Teilen der Ware und, falls der Gefahrübergang vom Verkäufer auf den Käufer geregelt ist, des Umfangs des Gefahrübergangs von einzelnen Teilen der Lieferung auf einzelne Käufer. In der deutschen Lehre wird die Meinung vertreten, daß in diesem Falle die Käufer die Gefahr-tragung solidarisch übernehmen. Im Handelsrecht der Schweiz und der skandinavischen Länder wird die gleiche Auffassung vertreten, aber nur für den Fall des Unterganges der gesamten Warensendung. Bei Teilverlusten können die Käufer durch den Beweis des Unterganges ihrer Teilsendung von der Haftung befreit werden. Im deutschen Recht gilt auch der allgemein anerkannte Grundsatz, daß jeder Käufer seinen, der Warenmenge entsprechenden Anteil an der Gefahrhaftung zu tragen hat. Im englischen und französischen Recht ergeben sich Schwierigkeiten aus der grundsätzlichen Verknüpfung des Gefahrüberganges mit dem Eigentumsübergang. So haben z.B. englische Gerichte einen Gefahrübergang auf den Käufer abgelehnt, wenn Verträge über individualisierte Waren eine Regelung des Gefahrübergangs nicht enthielten. Der amerikanische *Sale of Goods Act* läßt die Gefahr auf den Käufer übergehen, wenn das Eigentum an

[29] Rabel, *Das Recht des Warenkaufes,* S. 293.

eine noch nicht verteilte Warensendung bereits übertragen ist.[30] Nach italienischem und holländischem Recht geht die Gefahr auf den Käufer erst mit der Individualisierung seines Anteiles über.[31]

Besteht für einen gemeinsamen Gattungskauf mehrer Käufer ein Versicherungsvertrag, so kann dies bei nicht-Bestehen einer einheitlichen Gefahrtragungsklausel zu widersprüchlichen gerichtlichen oder schiedsgerichtlichen Entscheidungen führen.

(2) Verschiedene Arten obligatorischer Beziehungen, in denen die Parteiautonomie ausgeschlossen ist

Obligatorische Verträge unter Eheleuten

In einer Reihe von Ländern (Groß-Britannien, USA, Italien, Polen, Tschechoslowakei, u.a.) werden schuldrechtliche Verträge unter Eheleuten nicht nach dem Gesetz des Vertragsabschlußortes, sondern nach dem Personalstatut der Eheleute geregelt.[32] Nach dem jugoslawischen Ehegesetz (Art. 12) können Eheleute ihre Güterverhältnisse durch Vertrag regeln. Diese Verträge werden als Bestandteil ihres Güterstandes behandelt, und auf diese wird das Personalstatut der Eheleute angewandt. In der Lehre wird die Meinung vertreten, es sei auf diese Verträge die *lex contractus* und somit das von den Parteien gewählte Recht anzuwenden, da diese Verträge trotz ihrer Unterstellung unter das Ehegüterrecht ihrer Natur nach doch obligatorisch seien. Es bestehen indes keine triftigen Gründe zur Einführung eines besonderen Schuldstatutes zur Regelung dieser Fragen.[33]

Diese Auffassung ist mehr dogmatischer als praktischer Natur und wird sich wohl schwer behaupten können, wenn man folgende Tatsachen berücksichtigt: obligatorische Verträge werden unter Eheleuten in der Regel zur Sicherung ihrer güterrechtlichen Verhältnisse zur Zeit oder nach Scheidung der Ehe abgeschlossen. Der Staat hat an ihnen kein so großes Interesse, wie am internationalen Kauf. Andererseits sind sie aber nicht ganz ohne Bedeutung, da sie an gewisse Sitten-

[30] Milleston, *International Private Law,* § 146 (nach Rabel, *op. cit.,* S. 316).

[31] Rabel, *op. cit.,* S. 316.

[32] Englische, amerikanische und dänische Gerichtspraxis; Art. 15 des Polnischen Gesetzes für Internationales Privatrecht; Art. 19 des Italienischen *Codice Civile;* Art. 14–16 des Tschechoslowakischen Gesetzes zum Internationalen Privatrecht.

[33] Högtun, *Die Parteiautonomie und die universale Vereinheitlichung des Internationalen Privatrechts,* S. 65.

prinzipien und Traditionen gebunden sind. Deshalb können sie nicht wie gemeine Handelsverträge behandelt werden und sind durch das Personalstatut zu regeln.

Kaufvertrag über Immobilien und Grundstücke

Beim Grundstückskauf ist die Parteiautonomie in einigen Ländern durch die *lex rei sitae* ersetzt, z.B. in Art. 19 des Ägyptischen Zivilgesetzes (1948), Art. 18 des Lettländischen B.G. (1937), Art. 20 des Syrischen B.G. (1949). In anderen Ländern bestehen keine gesetzlichen Bestimmungen über den internationalen Kauf von Immobilien. Dort werden allgemeine schuldrechtliche Kollisionsnormen angewandt, woraus man schließen könnte, die Parteiautonomie sei auch in diesen Verträgen anerkannt.

Einige andere Kaufverträge

Neben den angeführten Fällen kommt die Parteiautonomie im internationalen Kauf von Wertpapieren bei Forderungen aus Urheberrechten, beim Kauf von See- und Luftschiffen und in einigen weiteren Fällen nicht zur Anwendung. Teilweise werden diese Käufe ausschließlich an bestimmten Orten (z.B. Börsen) abgewickelt, teilweise nimmt der Staat direkten Anteil am Abschluß und an der Durchführung der Käufe, soweit es die Wichtigkeit des Kaufobjektes erfordert (z.B. Luft- und Seeschiffe).

(3) Das Subjekt als Grund zur Ausscheidung der Parteiautonomie

Die ältere deutsche Gerichtspraxis hat bei Kaufverträgen zwischen deutschen Staatsbürgern die Verweisung auf ein ausländisches Recht nicht anerkannt.[34] Später wurde diese Praxis jedoch geändert und die deutschen Richter haben die *lex contractus* nur dann ausgeschlossen, wenn außer der heimischen Staatsbürgerschaft im Vertrage auch andere Umstände auf die deutsche Staatshoheit verwiesen. In der älteren italienischen Gerichtspraxis hatte die gemeinsame heimische Staatsbürgerschaft der Vertragspartner nur einen subsidiären Charakter. Anknüpfungspunkt war in erster Linie die *lex loci contractus.*[35] Im serbischen Zivilgesetzbuch (Art. 46) ist die Anwendung und Verwei-

[34] Francescacis, *Revue critique de droit international privé,* 1/55, S. 16.

[35] Olive, *Etude sur la théorie de l'autonomie en droit international privé,* S. 115.

sung auf ausländisches Recht in Verträgen unter inländischen Staatsbürgern gestattet. Dagegen verboten Art. 36 und 37 des österreichischen ABGB eine solche Vereinbarung.

In der Lehre finden sich Meinungen, die die Parteiautonomie bei Verträgen unter inländischen Vertragspartnern einer unterschiedlichen Behandlung unterwerfen wollen, je nachdem ob inländische oder ausländische Gerichte zur Entscheidung angerufen werden. Wenn solche Verträge vor die inländischen Gerichte kommen, solle die Parteiautonomie nur im Rahmen dispositiver Normen anerkannt werden. Wenn sie dagegen vor einem ausländischen Gericht zur Entscheidung kommen, solle die Parteiautonomie unbegrenzt anerkannt werden, und zwar auch in den Fällen, in denen zwingende Vorschriften abbedungen werden, soweit dies nicht im Widerspruch mit der internationalen öffentlichen Ordnung stehe.[36]

Diese Meinungen sind, was unten noch näher auszuführen sein wird, durch die neuere Rechtsprechung überholt. Es muß aber gleich angemerkt werden, daß die Abgrenzung zwischen den oben genannten Fällen und dem eigentlichen internationalen Kauf große Schwierigkeiten bereitet, die auch noch näherer Erörterung bedürfen.

[36] Olive ist der Meinung, die Parteiautonomie sei in diesen Fällen nur in den Grenzen der Freiheit der Vereinbarung zu gestatten; vgl. *op. cit.*, S. 116.

ZWEITES KAPITEL

FORMEN DER PRIVATAUTONOMIE

Die Parteiautonomie hat als Rechtsinstrument eine universale Anerkennung gefunden; dennoch ist sie aber in den Rechtssystemen und in der Spruchpraxis der Gerichte und Schiedsgerichte verschiedener Länder nicht einheitlich zum Ausdruck gekommen. In einigen Ländern wird die ausdrückliche und stillschweigende, in anderen Ländern darüber hinaus die hypothetische Willensübereinstimmung anerkannt.

A. DIE AUSDRÜCKLICHE WILLENSÜBEREINSTIMMUNG

Von einer ausdrücklichen Parteiautonomie spricht man dann, wenn die vertragsschließenden Parteien in den Vertrag eine Klausel aufnehmen, nach der auf den Vertrag das Recht eines bestimmten Landes anzuwenden ist. Diese Klausel kann auf das materielle Recht eines Landes oder aber allgemein auf das Recht eines Landes verweisen. Im letzten Fall wird das Gericht oder die Schiedsstelle, die zur Entscheidung angerufen ist, die Klausel in der Regel dahin deuten können, daß das Recht dieses Landes als Ganzes anzuwenden ist, so daß sowohl das Kollisions- als auch das materielle Recht des Landes gelten soll. Das Kollisionsrecht dieses Landes kann wiederum auf ein Recht eines dritten Landes verweisen, dem die Vertragsparteien ihr Rechtsverhältnis aber gar nicht unterstellen wollten.

In einem Lande, wo die Parteiautonomie nur einen materiell-rechtlichen Charakter hat, wird die Anwendung des vereinbarten Rechts nur dann gestattet, wenn es nach den Gesetzen des Landes, auf die die heimatliche Kollisionsnorm verweist, den Parteien gestattet war, direkt das Gesetz eines bestimmten Landes zu vereinbaren. Demnach können sogar die direkten Verweisungen auf das Recht und auf Gerichtsbarkeit eines bestimmten Landes für keine rechtliche Sicherheit bürgen. In Verträgen, in denen eine Verweisung sowohl auf das materielle Recht, als auch auf die Gerichtsbarkeit eines bestimmten Landes enthalten ist, wird die rechtliche Sicherheit des Vertragswesens in größerem Maße gewährleistet, da die Parteien sich im vorhinein über die Kollisionsnormen dieses Landes informieren können.

B. DIE STILLSCHWEIGENDE PARTEIAUTONOMIE

Nach allgemeiner Meinung besteht eine stillschweigende Parteiautonomie dann, wenn sich aus dem Wortlaut des Vertrages und den mit dem Vertragabschluß zusammenhängenden Umständen mit Sicherheit entnehmen läßt, welches Recht die vertragsschließenden Parteien auf den Vertrag anwenden wollen. So wird z. B. das Bestehen dieser Autonomie angenommen, wenn in einzelnen Klauseln auf Entscheidungen Bezug genommen wird, die sich an Usancen bestimmter Länder anlehnen, weiter, wenn im Vertrage Ausdrücke verwendet werden, die charakteristisch für ein bestimmtes Recht sind, oder wenn die Gerichtsbarkeit und die Schiedsinstanz eines bestimmtes Landes vereinbart sind. Der stillschweigende Parteiwille dient aber oft nur als Vorwand zur Anwendung des hypothetischen Parteiwillens, also zur Anwendung des Rechtes, das sich nach objektiven Kriterien bestimmt, und worüber im Einzelfall der Richter zu entscheiden hat. Die stillschweigende Parteiautonomie wird in der Lehre allerdings wegen ihrer starken Unsicherheit bekämpft, da es keine gesetzlichen Anhaltspunkte gibt, nach denen sie sich zweifelsfrei ermitteln läßt. Es eröffnet sich damit für den Richter die Möglichkeit, bei der Auslegung und Wertung der Vertragsbestimmungen diejenige Vertragspartei zu bevorzugen, die seinem Heimatlande angehört.

C. DER HYPOTHETISCHE PARTEIWILLE

Der hypothetische Parteiwille hat seinen Ursprung in der alten deutschen Gerichtspraxis. Er ist eine Fiktion, aufgrund deren der Richter Recht anwendet, auf welches die Umstände des Vertrages verweisen.[1] Das Gericht hat zu ermitteln, die Anwendung welchen

[1] Der hypothetische Parteiwille findet in Art. 25 des Griechischen Zivilgesetzbuches seinen Niederschlag, wonach im Falle des Nichtbestehens einer Verweisung das günstigste Recht anzuwenden ist. Das Montenegrinische Allgemeine Gütergesetz kennt außer dem ausdrücklichen und stillschweigenden auch den hypothetischen Parteiwillen, ja sogar auch die Anknüpfung nach der eng-

Rechtes die Parteien vereinbart haben würden, wenn sie sich bei Vertragsabschluß Gedanken darüber gemacht hätten. Die Anwendung des aufgrund des hypothetischen Parteiwillens ermittelten Rechts wurde als elastisches Instrument zur erweiterten Anwendung des inneren Rechts verwandt. Dieses Instrument wurde von anderen Ländern, insbesondere des angelsächsischen Bereiches übernommen, wo es auch heute noch sehr verbreitet ist.[2]

Der hypothetische Parteiwille wurde in der Lehre mit Recht einer Kritik unterworfen, weil er auf eine Fiktion aufbaut, die mit dem Parteiwillen oft in gar keinem Zusammenhang mehr steht. Er führt auch zu einer noch größeren rechtlichen Unsicherheit im Vertragswesen als die anderen genannten Anknüpfungspunkte.[3] Die Bedeutung des Vertragsabschlußortes, des Erfüllungsortes, des Gerichtsstandes, des Domizils und anderer Umstände für die Ermittlung des hypothetischen Parteiwillens ist in verschiedenen Ländern, oft sogar in einem Lande unterschiedlich.[4] Einzelne Anknüpfungspunkte gelten darüber hinaus in einigen Ländern primär, in anderen Ländern sekundär.[5]

Nach unserer Meinung ist die rechtliche Sicherheit bei der Bestimmung des stillschweigenden Vertragswillens ebenso groß wie diejenige bei der Bestimmung des hypothetischen Parteiwillens. Deshalb sollte man sie als rechtliche Instrumente aus dem Vertragswesen ausschließen und gesetzliche Regelungen schaffen die in allen Fällen eingreifen, in denen die Parteien ausdrücklich auf ein bestimmtes Recht verweisen. Dadurch bestünde auch für die Parteien schon im Zeitpunkt des Vertragsabschlusses Klarheit über das anzuwendende Recht.

sten Beziehung des Vertrages. Art. 792 dieses Gesetzes lautet: Rechte und Pflichten, die aus einem Vertrage entstehen, sind den Gesetzen des Ortes unterstellt, den die Parteien bestimmt haben, oder demjenigen Gesetze, das sie natürlicherweise oder aufgrund anderer Umstände bei Vertragsabschluß gewollt haben.

[2] Als Grund zur Ermittlung des hypothetischen Parteiwillens nehmen die angelsächsichen Richter den *common sense* an.

[3] Raape sagte vom hypothetischen Parteiwillen: Der tatsächliche Parteiwille ist gegeben, der hypothetische ist aufgezwungen; der faktische ist eine Tatsache, der hypothetische eine Behauptung; der faktische ein Weg, der hypothetische ein Ziel, der faktische ein Grund, der hypothetische eine Lösung. Den faktischen leitet die Psychologie der Parteien, den hypothetischen die gerichtliche Ermessung der Interessen, es kann vom Anknüpfungspunkt der Interessen gesprochen werden; vgl. Raape, *Internationales Privatrecht,* S. 474.

[4] Die deutsche Praxis wird dem Erfüllungsort, die französische und schweizerische dem Vertragsabschlußort den Vorzug geben.

[5] Vgl. Olive, *op. cit.,* S. 114.

Das polnische Gesetz zum IPR regelt in Art. 9 das in Schuldverhältnissen anzuwendende Recht aufgrund bestimmter Anknüpfungspunkte. Es enthält aber keine Bestimmungen für Fälle, in denen mehrere Umstände gekoppelt sind, die nicht gleichmäßig auf zwei oder mehrere Länder aufgeteilt werden können. Ein Gesetz kann nicht in gleicher Weise auf einen Vertrag angewandt werden, der im gleichen Lande abgeschlossen und zu erfüllen ist, wie auf einen Vertrag, der in zwei und mehreren Ländern erfüllt werden soll, oder auf einen Vertrag, wo verschiedene Personalstatute anzuwenden sind usw.

Genaue und gesetzliche Auslegungsregeln, anhand deren sich exakt ermitteln läßt, wann die Vertragsparteien das Recht eines bestimmten Landes vereinbart haben, können den Raum zwischen dem faktischen Parteiwillen und den subsidiären Anknüpfungspunkten ausfüllen. Damit würde zugleich die rechtliche Unsicherheit der stillschweigenden und der hypothetischen Parteiautonomie beseitigt und der Grundsatz des engsten Anknüpfungspunktes des Vertrages ausgeschieden.[6]

Es ergeben sich damit folgende Stufenleitern von Anknüpfungspunkten: primärer Anknüpfungspunkt ist der ausdrückliche Parteiwille, sekundärer Anknüpfungspunkt das gesetzliche Kriterium über das anzuwendende Recht,[7] tertiärer Anknüpfungspunkt sind alle subsidiären Momente, wie Vertragsabschlußort, Erfüllungsort, Gerichtsstand usw. Eine gewisse Starrheit dieser Gliederung wird sich nicht bestreiten lassen, sie wird jedoch aufgewogen durch die Sicherheit

[6] Ein Gegner des stillschweigenden Parteiwillens ist Blagojevic; er argumentiert wirtschaftlich: Der Richter werde sich auf den stillschweigenden Parteiwillen zur Benachteiligung des wirtschaftlich schwächeren Vertragspartners berufen.

[7] In allgemeinen Umrissen dargestellt könnte das gesetzliche Kriterium ein System beinhalten, in dem ihrer Wichtigkeit nach für das anzuwendende Recht eines bestimmten Landes folgende Bestimmungen umfaßt wären (immer unter der Voraussetzung, daß die Parteien nichts anderes bestimmt haben):

a) Haben die Parteien die gleiche Staatsbürgerschaft oder ihren Wohnsitz im gleichen Staat, so wird angenommen, daß sie das Recht des Landes vereinbart haben, dessen Staatsangehörigkeit sie besitzen, bzw. in dem sie ihren Wohnsitz haben.

b) Wenn das Recht des Vertragsabschlußortes, des Erfüllungsortes, der Staatsangehörigkeit oder des Wohnsitzes einer Vertragspartei auf das Recht eines bestimmten Landes verweisen, so wird angenommen, daß das Recht dieses Landes anzuwenden ist.

c) Haben die Vertragsparteien die Gerichtsbarkeit oder die Schiedsgerichtsbarkeit eines bestimmten Landes vereinbart, so wird angenommen, daß sie ihren Vertrag auch dem materiellen Recht dieses Landes unterstellen wollen.

über das anzuwendende Recht und der damit verbundenen Zweckmäßigkeit für die Entwicklung des internationalen Warenverkehrs. Es ist klar, daß auch diese Lösung nicht alle Schwierigkeiten des internationalen Kaufvertragswesens bezüglich der Parteiautonomie beseitigen kann.

DRITTES KAPITEL

ZUSTANDEKOMMEN UND GÜLTIGKEIT DES VERTRAGES UM DIE PARTEIAUTONOMIE

Die Vorschriften über das Zustandekommen und die Gültigkeit des internationalen Kaufvertrages weichen in den Gesetzen der verschiedenen Länder voneinander stark ab. Es kann ein Kaufvertrag nach dem Recht eines Landes voll gültig, nach dem Recht eines anderen Landes nichtig und nach dem Recht eines dritten Landes anfechtbar sein. Wenn die Parteien auf das Recht eines bestimmten Landes verweisen, so kann es immer noch fraglich sein, ob dieses Recht auf alle Rechtsbeziehungen zwischen den Parteien angewandt werden soll, oder ob es lediglich auf die Abwicklung des Vertrages, falls er wirksam ist, anzuwenden ist. Die Nichtigkeit des Vertrages nach dem Recht des Vertragsabschlußortes schadet nicht, soweit die *lex voluntatis* auch für den Vertragsabschluß gelten soll, und nach diesem Recht der Vertrag wirksam ist. Die Lösung fiele in diesem Falle anders aus, wenn die *lex voluntatis* lediglich für die Fragen der Vertragsabwicklung maßgeblich sein sollte.[1]

Die Kollisionsgesetzgebungen haben durch ihre Normen keine ausdrückliche Regelung über den Vertragsabschluß und die Vollgültigkeit des internationalen Kaufvertrages getroffen. Was die Form des Vertrages selbst anbelangt, besteht offensichtlich eine Tendenz zur fakultativen Gesetzesanwendung (entweder *lex loci* oder *lex causae*), aber auch nach dem Domizilrecht, sowie nach dem Personalstatut und nach anderen Gesetzen.[2]

Statutenprobleme hinsichtlich des Zustandekommens und der Gül-

[1] Dieses Kapitel enthält lediglich grundsätzliches zum Verhältnis zwischen Parteiautonomie und Zustandekommen und Gültigkeit des Vertrages. Eine nähere Untersuchung folgt in dem Kapitel über den Umfang der Parteiautonomie.

[2] Der Grundsatz *locus regit actum* findet sich fakultativ in Art. 11 des Deutschen EGBGB, in Art. 7 des Tschechoslowakischen Gesetzes über Internationales Privatrecht, in Art. 11 des Griechischen Bürgerlichen Gesetzbuches usw.

tigkeit eines Kaufvertrages sind in den meisten Gesetzgebungen durch zwingende Normen geregelt, so daß auf diesem Gebiete kaum noch von einer Parteiautonomie die Rede sein kann. Die internationalen Konventionen und Konventionsentwürfe vom internationalen Kaufvertrag enthalten keine Regelungen über die Fragen des Zustandekommens und der Gültigkeit des Vertrages.

Nach Haudek haben die Regelungen über das Zustandekommen eines Vertrages dispositiven Charakter. Er will das Zustandekommen des Vertrages besonders betrachten und bezieht sich dabei auf eine Entscheidung des Norwegischen Gerichtes vom 11. November 1924, der ein Grundstückskauf zugrunde lag. Der Eigentümer eines in Norwegen belegenen Grundstückes, ein amerikanischer Staatsangehöriger, gab einem Norweger ein schriftliches Angebot über den Verkauf dieses Grundstückes. Das Angebot wurde von dem Norweger angenommen, jedoch verspätet. Der Amerikaner ließ zunächst nichts mehr von sich hören, da man sich nach amerikanischem Recht noch im Stadium der Vertragsverhandlungen befand und der Amerikaner davon ausging, es sei ein Vertrag noch nicht zustandegekommen. Nach norwegischem Recht gilt dagegen eine verspätete Annahmeerklärung als neues Angebot und das Schweigen auf dieses neue Angebot gilt als Annahme. Das Gericht wandte norwegisches Recht an und erklärte den Kaufvertrag für gültig. Dieses Ergebnis ist zutreffend, da die *lex rei sitae* anzuwenden war.[3] Das Zustandekommen eines Vertrages über bewegliche Sachen wird nach deutscher Praxis nach dem Recht beurteilt, auf das die Parteien verwiesen haben.[4] In anderen Ländern dagegen ist die Entscheidungspraxis uneinheitlich, und man kann noch keine Grundlinie feststellen. So z. B. haben für die Schweiz Widmer und Homberger einige Entscheidungen aus den dreißiger Jahren angeführt, in welchen die Parteiautonomie für das Zustandekommen und die Gültigkeit eines Vertrages nicht anerkannt sind.[5] Moser zitiert dagegen für seine Meinung einige Entscheide des Schweizer Bundesgerichtes, denen er folgende Grundsätze entnimmt: Das Zustandekommen und die Wirkung obligatorischer Rechtsgeschäfte werden entweder nach dem von den Parteien vereinbarten Recht beurteilt, soweit dies nicht zwingenden Normen der *lex fori* widerspricht, oder nach

[3] Haudek, *Die Bedeutung des Parteiwillens im internationalen Privatrecht*, S. 67.

[4] Moser, *Vertragsabschluß, Vertragsgültigkeit und Parteiwille im internationalen Obligationsrecht*, S. 52; Haudek, *op. cit.*, S. 68.

[5] Widmer, *op. cit.*, S. 106; *Homberger*, S. 27.

dem Recht, dessen Anwendung von den Parteien verständlicherweise erwartet wurde.[6]

In der neueren italienischen Praxis finden sich mehrere Entscheidungen, in denen das Zustandekommen eines Vertrages nach Art. 52 des Handels-Gesetzbuches von 1942 beurteilt wird, unabhängig von einer anderweitigen Verweisung im Vertrage. Diese Rechtsprechung wurde in der italienischen Lehre scharf kritisiert, da durch sie der Geltungsbereich des Art. 52 des Handelsgesetzbuches zu stark ausgedehnt werde.[7]

Die französische und belgische Praxis hat grundsätzlich die Anwendung des von den Parteien vereinbarten Rechts auch auf die Fragen des Zustandekommens und der Gültigkeit des Vertrages anerkannt.

Die Rechtsprechung in der USA macht keinen Unterschied in der Behandlung von Zustandekommen und Gültigkeit des Vertrages (es werden die Ausdrücke *intrinsic validity* und *nature obligation* angewandt), es wird nur die Fähigkeit zum Vertragsschluß *(capacity)* abgesondert betrachtet, und dem Domizilrecht unterstellt. Ebenso wird in einigen Bundesstaaten der USA die Vertragsform nach dem Vertragsabschlußort beurteilt. Sämtliche anderen Fragen des Zustandekommens und der Gültigkeit des Vertrages werden nach der *lex causae* geregelt, soweit nicht Gründe der internationalen öffentlichen Ordnung entgegenstehen.[8]

In der englischen Praxis werden die genannten Fragen nach der *proper law of the contract* beurteilt. Neuere Entscheidungen haben aber die Parteiautonomie auch für das Zustandekommen und die Gültigkeit des Vertrages anerkannt und insoweit, ähnlich wie in den USA keinen Unterschied gemacht.[9]

Die Analysen dieser Fragen in der Lehre weisen auf das Fehlen einer Systematik und auf die Einseitigkeit der Methodik hin, wobei der rechtlichen Logik mehr Aufmerksamheit geschenkt wird, als den praktischen Bedürfnissen. Es gibt umfangreiche Auseinandersetzungen mit allen dargestellten Fragen, aber die Autoren lösen die Probleme teilweise nur unvollständig, teilweise unpraktikabel und teilweise unverständlich.

Die Folgen dieses Meinungsstreites zeigten sich auch in den Be-

[6] Moser, *op. cit.,* S. 66–71.
[7] Moser, *op. cit.,* S. 63.
[8] Siehe *International and Comparative Law Quarterly* Vol. 7/58, S. 7.
[9] Moser, *op. cit.,* S. 73.

schlüssen des Institut de Droit International, auf den Tagungen für Internationales Privatrecht und bei den internationalen Konventionen und Konventionsentwürfen. Die Meinungen waren und sind dort so unterschiedlich, daß keine gemeinsame Plattform für eine Lösung der aufgezeigten Fragen gefunden werden konnte. Diese Meinungsverschiedenheiten haben aber auch andererseits ihre guten Seiten, denn sie zeigen, wie schwer diese Probleme im internationalen Kaufvertrag sind. Wir wollen, methodisch gegliedert, einige charakteristische Konzeptionen darstellen, die die Schwierigkeit einer einheitlichen Lösung deutlich machen. Ihre Autoren haben sich verschiedener methodischer Variationen bedient, und fast alle haben nur die rechtliche Seite des Problems erörtert. Ihre Schlüsse sind vorwiegend rechtlich logischer Natur und dürften insoweit nicht zu beanstanden sein. Es sollen, soweit es um die rechtliche Seite des internationalen Warenverkehrs geht, von diesen Lösungen daher nur diejenigen mit den stärksten Argumenten ausgewählt werden.

Nur wenige Juristen haben das vorliegende Problem mit der dialektischen Methode erfaßt, deren Grundmängel in ihrer Einseitigkeit und Kompliziertheit liegen, und die deshalb für die Praxis nicht annehmbar erscheint.

A. DIE LÖSUNG DES PROBLEMS DER PARTEIAUTONOMIE BEI DEN FRAGEN DES ZUSTANDEKOMMENS DER GÜLTIGKEIT DES VERTRAGES NACH DER METHODE A PRIORI

Autoren, die sich der Methode *a priori* zur Lösung des Problems bedienen, unterscheiden nicht zwischen der Vereinbarung über das auf das Zustandekommen und die Gültigkeit des Vertrages anzuwendende Recht einerseits, und der Vereinbarung über das auf die Wirkungen des zustandegekommenen Vertrages anzuwendende Recht andererseits. Sie untersuchen nur die Frage, welches Gesetz auf das Zustandekommen, die Gültigkeit und die Wirkungen des Vertrages anzuwenden sei. Darum besteht Uneinigkeit darin, ob ein einheitliches Gesetz, oder verschiedene Gesetze zu gelten haben. Diese Uneinigkeit schuf zwei Theorien, die Vertragseinheitstheorie und die Theorie der großen Vertragsspaltung.

(1) Die Theorie des einheitlichen anzuwendenden Rechtes

Eine Variante dieser Theorie besagt, die Anwendung einheitlichen Rechtes sei zur Erhaltung des rechtlichen Gleichgewichtes des Vertrages notwendig. Der Gesetzgeber regele das Zustandekommen und die Gültigkeit eines Vertrages deshalb, weil er an den wirksamen Vertrag bestimmte Rechtswirkungen knüpfe und diese Wirkungen nicht ohne bestimmte Voraussetzungen eintreten sollen. Daher müsse ein Recht, das über die Wirkungen des Vertrages entscheide, auch für die Frage des Zustandekommens dieses Vertrages zuständig sein; es sei auch unlogisch, die Wirkungen eines Vertrages anzuerkennen, der gar nicht zustandegekommen sei. Die Wirkungen eines Vertrages seien unter der Voraussetzung seiner Gültigkeit geregelt, und die Trennung dieser Elemente schaffe eine rechtliche Disharmonie.[10]

Die Anhänger der zweiten Variante dieser Theorie gehen davon aus, daß das Zustandekommen und die Gültigkeit des Vertrages durch zwingende Vorschriften geregelt sind, die dem Ziel des Schuldnerschutzes dienen. Die beste Sicherung des Schuldners sei aber die Anwendung eines einheitlichen Rechtes auf den Vertrag, nämlich des Heimatrechtes des Schuldners.[11]

Der Schöpfer dieser Variante selbst hat eingesehen, daß sie in der Praxis nicht anwendbar ist und hat diese Theorie daher nur als theoretischen Ausgangspunkt vorgeschlagen. Falls der Vertragsabschluß nicht gültig sei, soll eine kumulative Anwendung der Rechte des Erfüllungsortes, des Vertragsabschlußortes und der internationalen öffentlichen Ordnung der *lex fori* erfolgen. Auf alle diese Fragen hat die Parteiautonomie Einfluß, denn sie alle sind vom Parteiwillen abhängig, der in letzter Linie entscheidet, welches Recht zur Regelung der Rechte und Pflichten aus dem Vertrage maßgebend sein sollen.[12]

[10] Siehe Widmer, *op. cit.,* S. 102.

[11] Diese Variante wird von L. V. Bar vertreten (nach Schnitzer *op. cit.,* S. 238; *Schweizerische Juristenzeitung* 1889, S. 20–21).

[12] Savigny behandelt im Zusammenhang mit dem Rechtsverhältnis nur die Frage der „materiellen Gültigkeit der Obligation," womit er sich der Theorie der Statuteneinheit annähert. Er meint, das Prinzip der Rechtsanwendung nach dem Erfüllungsort sei grundsätzlich auch auf die Frage des Zustandekommens und der Gültigkeit des Vertrages anzuwenden. Er macht aber eine Ausnahme von dieser Regel zugunsten der *lex domicilii,* wenn der Vertrag nach dem Ortsrecht nichtig, nach der *lex domicilii* aber gültig ist. Die Parteiautonomie sollte man nach seiner Meinung auf diese Fragen nicht anwenden. Wächter meint, auf die Vertragsgültigkeit sei die *lex loci contractus* anzuwenden (Schnitzer, *op. cit.,* S. 239).

Zitelmann wandelte diese Variante noch ab. Er beurteilte das Zustandekommen und die Gültigkeit des Vertrages nach dem Personalstatut des Schuldners und meinte, dieses Statut könne den Parteien insoweit eine Derogierung zwingender Vorschriften gestatten. Später ersetzte er das Personalstatut des Schuldners durch das Heimatrecht der Vertragsparteien.

(2) Die Theorie der großen Spaltung des Vertrages[13]

Vertreter dieser Theorie beurteilen das Zustandekommen und die Gültigkeit eines Vertrages internationalen Kaufs nach dem jeweiligen Heimatrecht der Vertragsparteien. Sie beurteilen die diesbezüglichen Regelungen als Statutarfragen, die von der Disposition der Vertragsparteien ausgenommen seien. Es werden Schemata für Statute aufgestellt, die unter verschiedenen Umständen anzuwenden wären, und nach denen das Zustandekommen und die Gültigkeit des internationalen Vertrages beurteilt werden können. Wegen ihrer Kompliziertheit einerseits und ihrer Unvollkommenheit andererseits haben diese Schemata nie breitere Anerkennung gefunden.[14] Diese Schematik wurde sehr bald aufgegeben, und man versuchte wieder zur einheitlichen Statutenanwendung zurückzukehren. Auch hier konnte also keine zufriedenstellende Lösung des Problems gefunden werden. Theoretisch interessant ist die Auffassung der deutschen Lehre, nach der das Zu-

[13] Bei den französischen Juristen wird diese Theorie durch Pillet, Niboyet, Audinet und Aubri, bei den deutschen durch Görtz u.a. vertreten.

[14] Valery hat folgendes Schema für die Statutenanwendung auf die Fragen des Zustandekommens und der Gültigkeit des Vertrages vorgeschlagen:

I) *Willensübereinstimmung:*
  a) Unter Anwesenden: Die *lex loci actus,* eventuell die *lex communis nationalis*
  b) Unter Abwesenden bei Vertretung: *lex loci actus;* unter Anwesenden durch Korrespondenz und Fernspruch: die *lex fori*

II) *Willensmängel:*
  bei Minimum die *lex fori,* sonst die *lex loci*

III) *Vertragsgegenstand:*
  a) bei Wirksamkeit: die *lex loci solutionis;*
  bei Nichtigkeit: die *lex fori*

IV) *Rechtsgrund:*
  die *lex fori*

Unangebracht wäre es, dieses Schema weiter zu gliedern und zu analysieren, denn nach ihm wären auf einen Vertrag vier Statute anwendbar, wobei auf die Wirkungen des Vertrages keine Rücksicht genommen würde.

standekommen des Vertrages unter abwesenden Vertragspartnern nach der abstrakten Nützlichkeit gewertet werden soll, welche die Parteien vom anzuwendenden Recht haben.[15] Hier wird angenommen, dass einem Vertrage, der nach einem der anzuwendenden Rechte nichtig ist, die rechtliche Gültigkeit nicht versagt werden darf, sofern er derjenigen Partei von Nutzen ist, nach deren Recht der Vertrag ungültig ist. Diese abstrakte Wertung ist zwar weniger kompliziert als die vorgenannten Lösungen, birgt aber die Gefahr von Mißbräuchen in sich.[16]

B. DIE LÖSUNG DES PROBLEMS DER PARTEIAUTONOMIE HINSICHTLICH DES ZUSTANDEKOMMENS UND DER GÜLTIGKEIT DES VERTRAGES NACH DER LOGISCH ANALYTISCHEN METHODE

In neuerer Zeit, besonders nach dem zweiten Weltkrieg, wird in der Lehre unterschieden zwischen Vereinbarungen bezüglich des auf das Zustandekommen und die Gültigkeit des Vertrages anzuwendenden Rechtes und Vereinbarungen bezüglich des auf die Wirkungen des Vertrages anzuwendenden Rechtes.[17] Nach dieser Auffassung sind Fragen des Zustandekommens und der Gültigkeit des Vertrages dem Kollisionsrecht zu unterstellen und nach der *lex fori* zu behandeln, die übrigen Fragen nach der Rechtsverweisung zu beurteilen und der *lex causae* zu unterstellen.[18] Die ersten wären also Fragen des internationalen öffentlichen, die zweiten Fragen des internationalen privaten Rechtes. Hier werden aber nach unserer Meinung die praktischen Gründe für die Unterscheidung von Zustandekommen und Gültigkeit des Vertrages einerseits und den Wirkungen des Vertrages andererseits nicht in ausreichendem Maße beachtet. Außerdem fehlen hin-

[15] Aschenbach, *Der briefliche und telegraphische Vertrag im vergleichenden und internationalen Privatrecht,* nach Widmer, *op. cit.,* S. 119; Ferrid, *Zum Abschluß von Auslandsverträgen,* Düsseldorf 1954; Raape, *Internationales Privatrecht,* 1959; Moser, u.a.

[16] Von einigen wird die Meinung vertreten, die Fragen des Zustandekommens und der Gültigkeit des Vertrages seien faktischer, nicht rechtlicher Natur, sie könnten aber zu geeigneten und nützlichen Lösungen führen; vgl. Widmer, *op. cit.,* S. 120.

[17] Moser, *op. cit.,* S. 214.

[18] Moser, *op. cit.,* S. 214.

reichend bestimmte Kriterien für die Abgrenzung von internationalem öffentlichen und internationalem privaten Recht.

Von dieser Auffassung ist neuerdings noch eine Variante entwickelt worden. Nach ihr werden von der gleichen Unterscheidung ausgehend alle Fragen der *lex causae* bzw. dem vereinbarten Recht unterstellt.[19] Gegner dieser Auffassung meinen, es sei ein Zirkelschluß, wenn man den Einspruch einer Partei gegen die Anwendung eines vereinbarten Rechtes mit dem Argument nach diesem Recht beurteilte, die Partei habe ja selbst auf dieses Recht verwiesen. Es ist sogar fraglich, ob die Partei zu dieser Rechtsanwendung beigetragen hat; denn letzten Endes soll die *lex fori* als objektive Rechtsordnung ausschlaggebend sein.[20]

C. LÖSUNG DES PROBLEMS DER PARTEIAUTONOMIE HINSICHTLICH DES ZUSTANDEKOMMENS UND DER GÜLTIGKEIT DES VERTRAGES NACH DEM BEDÜRFNIS DES INTERNATIONALEN PRIVATRECHTS UND DES INTERNATIONALEN WIRTSCHAFTSVERKEHRS

In den bisherigen Erörterungen haben wir theoretisch befriedigende Lösungen des in Rede stehenden Problems des Zustandekommens und der Gültigkeit von Verträgen beim internationalen Kauf gesehen, sie alle aber zeigen diesen Kauf als rein rechtliche Figur, die abseits von der Wirklichkeit liegt und keine tatsächliche Erscheinung der internationalen Warenverkehrs ist. Es werden rechtliche Gleichgewichte des Vertrages, abstrakte Interessen des Schuldners und andere Gesichtspunkte studiert, die zu einem *circulus vitiosus* führen und für die Praxis keine brauchbaren und nutzbringenden Lösungen ergeben. Außerdem bieten die aufgezeigten Lösungen keine konkreten Anhaltspunkte für die Lösung praktischer Fragen, sondern nur Gründe und Grundsätze, von denen noch zahlreiche Ausnahmen statuiert werden

[19] Dieser Auffassung schließt sich der Konvensionsentwurf über ein Gesetz vom internationalen Kauf körperlicher beweglicher Sachen an; Art. 2 a.E. lautet: „les conditions relatives au consentement des parties quant à la loi déclarée applicable sont déterminées par cette loi."

[20] Raape hat für die Kollisionsnorm der *lex fori* folgenden Text vorgeschlagen: Wenn die Parteien, und zwar beide, den Anschein erweckt haben, daß sie sich bezüglich des Schuldvertrages einer gewissen Rechtsordnung unterwerfen wollen, dann entscheidet eben diese Rechtsordnung, ob ihre Vereinbarung gültig ist.

(z.B. die *lex nationalis* bezüglich der Rechtsfähigkeit der Vertragsparteien, die *lex fori* hinsichtlich der Qualifikation, der Rechtsnatur des Parteiwillens, die *lex loci* bezüglich der Form usw.). Jedoch wird keine Klarheit geschafft, sondern die rechtliche Unsicherheit des Vertrages vergrößert. Die heute enorme Entwicklung des internationalen Warenaustausches und die immer größere Einsicht in die Notwendigkeit einer größeren Sicherheit und einer Gleichberechtigung im internationalen Kaufverkehr erfordern bei der Lösung der vorliegenden Probleme eine Berücksichtigung des Vertragszweckes. Nach unserer Meinung kommt es darauf an, den Parteien schon im Zeitpunkt des Vertragsabschlußes Klarheit darüber zu verschaffen, wie eine Annahme wirkt, wann der Vertrag zustande kommt, wie sich veränderte äußere Umstände auf den Bestand des Vertrages auswirken, wie die Verweisung auf ein vereinbartes Recht widerrufen werden kann usw. Die Vertragsparteien sollten auch bereits bei Vertragsabschluß wissen, welches Recht auf welche Rechte und Pflichten des Vertrages anzuwenden ist. Die *lex fori* könnte auf einzelne der Fragen wohl kaum angewandt werden, denn oft ist es ja ungewiss, wo und bei welchem Gericht der Streit vorgelegt wird, ja sogar im Falle einer Vereinbarung über die Schiedsinstanz besteht diese Unsicherheit, wenn nicht auch deren Sitz vorgesehen ist.[21] Die *lex personalis* ist auch nicht akzeptabel da die ausschließliche Anwendung des Personalstatutes hauptsächlich in Statusfragen, nicht aber in Schuldverhältnissen vorgesehen ist. Es ist hier auch darauf hinzuweisen, daß das Personalstatut auf Fragen der Geschäftsfähigkeit bei Wechseln und Schecks schon seit langem durchbrochen ist.[22] Nach unserem Ermessen sollte auch beim internationalen Kauf keine Abweichung zugunsten des Personalstatuts vorgenommen werden.[23] Es wäre vielleicht die Anwendung des die Vertragswirkung bestimmenden Rechts auch für die Frage des Zustandekom-

[21] Die Anwendung der *lex loci contractus* ist wegen der Möglichkeit von Qualifikationen ebenfalls rechtlich unsicher.

[22] Raape, *op. cit.*, S. 459.

[23] Im Ausschuß, der den Gesetzentwurf über den internationalen Kauf körperlicher beweglicher Sachen ausgearbeitet hat, wurde der Vorschlag, die Geschäftsfähigkeit wie bei Wechseln und Schecks nach der Genfer Konvention zu beurteilen, abgelehnt. Dies wurde damit begründet, daß eine einheitliche Kollisionsnorm, die einen Kromprомiß zwischen den Konflikten der *lex domicilii* und der *lex nationalis* wäre, eine Reihe von Problemen mit sich bringe, deren Lösung nicht so akut sei wie bei Wechsel- und Scheckfragen. In den USA und in England wird die Geschäftsfähigkeit der Parteien nach der *lex loci contractus* (in England nur bei Handelsgeschäften) beurteilt, also nicht nach der *lex personalis*. Das gleiche gilt für Deutschland, Italien und Polen.

mens und der Gültigkeit des Vertrages zu befürworten, obwohl dies nur schwer durchführbar wäre. Die Lösungen der Praxis lehnen sich augenblicklich an diejenigen des Wechsel- en Scheckrechts an.

Die Anwendung des Grundsatzes *locus regit actum* ist heute in vielen Ländern fakultativ. In Wirklichkeit werden die Unterschiede zwischen den einzelnen Rechten insoweit immer kleiner, obwohl sich die Vertragsformalitäten vergrößern. Trotz der Bestrebungen nach einer Erweiterung der Vertragsformen wird dieses Problem in der Praxis kaum erheblich werden (das Haager Abkommen über ein einheitliches internationales Kaufrecht hat keine Schriftform für den Kaufvertrag vorgesehen).

In der Praxis der Außenhandelsschiedsinstanzen der meisten Länder werden die zur Diskussion stehenden Fragen nach dem vereinbarten Recht beurteilt,[24] denn die Schiedsinstanzen sind nicht so sehr an das Nationalrecht gebunden und halten sich auch nicht so strikt an einzelne Rechtsgrundsätze, wie die nationalen Gerichte. Durch die Anrufung einer Schiedsinstanz kommt es zur Anwendung des vereinbarten Rechtes und durch den Schiedsspruch wird der Streit schnell, billig und unter Berücksichtigung aller rechtlichen Umstände erledigt.

Eine Ausnahme von der Anwendung der *lex causae* auf die Frage der Gültigkeit des Vertrages sollte nur dann gemacht werden, wenn der *ordre public* des Landes verletzt ist, in dem das zur Entscheidung angerufene Gericht seinen Sitz hat, oder in dem der Vertrag zu erfüllen ist. Der *ordre public* ist an sich sehr unbestimmt und nach Zeit und Gebiet unterschiedlich. Er bringt daher eine rechtliche Unsicherheit mit sich; das hat dazu geführt, daß er im internationalen Privatrecht allgemein und im internationalen Kaufvertrag im besonderen selten zur Anwendung kommt. Zwei Gründe sind dafür maßgebend: Einmal umfaßt der *ordre public* die Grundprinzipien der nationalen gesellschaftlichen, wirtschaftlichen und politischen Ordnung, auf welche man sich nach der in der Welt herrschenden allgemeinen Meinung nur ausnahmsweise berufen sollte. Zum anderen könnte die häufige Berufung auf den *ordre public* den internationalen Warenverkehr hemmen, indem es zur Nichtanerkennung und Nichtvollstreckung ausländischer Urteile kommt. Diese Gefahren könnten durch internationale Konventionen behoben werden, nach denen eine Berufung auf den *ordre public* ausgeschlossen wäre. Ebenso könnten in das nationale

[24] Nach Eisemann, stellvertretender Sekretär der Pariser Arbitrage der Außenhandelskammer.

Kollisionsrecht abschließende Konkretisierungen des *orde public* aufgenommen werden, ein Vorgang, der aus Gründen der Rechtsangleichung zweckmäßigerweise auch auf der Grundlage internationaler Konventionen erfolgen würde.

Eine internationale Regelung des Problems des *ordre public* ist der Zeit nach den bisherigen Erfolgen auf den Tagungen der Gesellschaft für internationales Privatrecht nicht zu erwarten. Die Begrenzungen des internationalen Warenverkehrs sind rege und werden rigorös durchgeführt. Deshalb wäre eine Konkretisierung des *ordre public* in den jeweiligen nationalen Kollisionsrechten nur eine vorläufige Maßnahme, die ständigen Änderungen unterworfen wäre. Die Vorschriften über das Zustandekommen und die Gültigkeit des Vertrages müßten also nach abstrakten Kriterien kategorisiert und dann auf ihre Vereinbarkeit mit dem *ordre public* hin untersucht werden. Davon wird im einzelnen noch im Kapitel über den Umfang des Parteiwillens die Rede sein.

VIERTES KAPITEL

UMFANG DER PRIVATAUTONOMIE

Die Privatautonomie ist durch zwingende Kollisionsnormen direkt und durch den internationalen *ordre public,* durch das Institut der Gesetzesumgehung, durch Devisenvorschriften, durch bilaterale und multilaterale Handels- und Zahlungsabkommen im internationalen Verkehr, sowie durch Vorschriften über inländische Staatsbürgerrechte in internationalen Verträgen indirekt begrenzt.

A. DIREKTE BEGRENZUNG DER PRIVATAUTONOMIE

Vertragsklauseln über das auf den Vertrag anzuwendende Recht sind nichtig, wenn die Vertragsparteien keine Rücksicht auf die zwingenden Vorschriften der Kollisionsnormen genommen haben. Hat also die Kollisionsnorm den Parteiwillen als Prinzip für den Vertragsabschluß nicht anerkannt, so wird eine Klausel über das auf den Vertrag anzuwendende Recht den Vertrag nichtig machen. Hat jedoch in diesem Falle ein ausländisches Gericht, das den Parteiwillen anerkennt, eine Entscheidung gefällt, und kommt diese Entscheidung zur Vollstreckung vor ein Gericht, das nach seinem Rechte den Parteiwillen als Anknüpfungspunkt nicht anerkennt, so wird dieses Gericht dennoch der Entscheidung die Vollstreckbarkeit zuerkennen. Das den Parteiwillen anerkennende Gericht entschied in direkter Zuständigkeit, das zweite Gericht hingegen hat in indirekter Zuständigkeit lediglich über die Vollstreckbarkeit eines Urteils bzw. eine Entscheidung befunden, die unter Anwendung eines Rechtes ergangen sind, das nach heimatlicher Kollisionsnorm nicht angewendet werden durfte.

Eine ähnliche Lage haben wir in Ländern, deren Rechtsordnungen eine schriftliche Form der Verträge im Außenhandel vorgesehen haben (wie die UDSSR), sowie in Ländern, in denen Gesetze und andere Vorschriften eine schriftliche Form für die Vereinbarung von

Schiedsinstanzen vorgesehen haben (in Jugoslawien ist für die Schiedsklausel Schriftform erforderlich, im schottischen Rechte dagegen genügt eine mündliche Vereinbarung). Diese Formvorschriften besitzen ihren zwingenden Charakter nicht, soweit die Gerichte in indirekter Zuständigkeit entscheiden.

Begrenzte und unbegrenzte Privatautonomie

Ein Großteil der heutigen gesetzlichen Regelung des IPR enthält eine dispositive Kollisionsnorm, durch welche eine Reihe von Gesetzen erfaßt wird, die von den Parteien für die Anwendung in internationalen Verträgen vereinbart werden können. Mit anderen Worten die Kollisionsnormen ermächtigen die Parteien auf Gesetze zu verweisen, die zu dem durch sie zu regelnden Vertrag sowie zu den hieraus folgenden Rechten und Pflichten in keinem Verhältnis stehen.[1] Diese Auffassung hatte in der anglo-amerikanischen Gerichtspraxis festen Boden gefaßt und nach dem 2. Weltkrieg wurde sie auch ausnahmslos von der Arbitrage der Außenhandelskammer in Paris akzeptiert. In der Außenhandelspraxis finden wir oft Verweisungen auf Rechte „ohne engere Beziehung" oder „ohne irgendwelche Beziehung" mit dem Vertrage. Auf gleiche mögliche Verweisungen bezüglich des anzuwendenden Rechts deuten die Schiedsgerichte in London und Paris, deren Zuständigkeit wir auf Schritt und Tritt begegnen, obwohl die diesbezüglichen Kaufverträge keine Anknüpfung an das englische oder französische Gebiet haben, auf die aber aufgrund der Parteiautonomie englisches, französisches oder schweizerisches Recht angewendet wird.[2]

Eine begrenzte Parteiautonomie ist ausdrücklich in Art. 7 des Gesetzes zum Internationalen Privatrecht Polens und in Art. 9 des entsprechenden Gesetzes der Tschechoslowakei anerkannt. Das polnische Gesetz bedient sich einer Aufzählung von Gesetzen, die die Parteien

[1] Zum Beispiel Art. 19 des Bürgerlichen Gesetzbuches von Ägypten, Art. 25 des Bürgerlichen Gesetzbuches von Griechenland, Art. 25 des Italienischen CC. Nach Art. 2 Abs. 2 des Haager Statuts können die Parteien ein Kaufvertragsstatut vereinbaren.

[2] Nach Eisemann hat die Pariser Arbitrage keine Verweigerungen der *Exequatur* von Schiedssprüchen verzeichnet, in denen Recht angewendet wurde, das keine Beziehung mit dem Vertrag hatte, und wobei die Vollstreckung des Schiedsspruches in Ländern durchgeführt wurde, die nur einen begrenzten Parteiwillen anerkennen.

vereinbaren können,[3] wobei zugleich ein Mangel festgestellt werden muß, nämlich daß durch diese Enumeration nicht alle Anknüpfungsmöglichkeiten des Vertrages an eine bestimmte Rechtsordnung erschöpft sind. Das tschechoslowakische Gesetz für Internationales Privatrecht verlangt das Bestehen einer „gründlichen Beziehung" zwischen dem Vertrage und dem anzuwendenden Rechte. Nicht befriedigt an dieser Formulierung die Unbestimmtheit des Begriffs der „gründliche Beziehung," der auf verschiedene Art und Weise gedeutet werden kann. In Jugoslawien sind nach dem 2. Weltkrieg weder ein allgemeines Gesetz Internationalen Privatrechts, noch ein Bürgerliches Gesetzbuch erschienen, die diese Fragen regeln.[4] Das serbische BG hat in Art. 46 eine unbegrenzte Parteiautonomie anerkannt.[5] Das allgemeine Gütergesetz von Montenegro hat ähnlich wie das tschechische Gesetz für Internationales Privatrecht eine begrenzte Parteiautonomie in seinem Art. 192 vorgesehen. Dort heißt es, Rechte und Pflichten der Parteien beurteilen sich nach dem vereinbarten Ortsrecht, wobei dieser Ort in einer Beziehung zu dem Vertrage stehen muß.[6]

[3] Art. 7 des Polnischen Gesetzes für internationales Privatrecht lautet: „Die Parteien können als maßgebendes Gesetz für ihre Verpflichtungen das Recht ihres Landes, oder das Gesetz ihres Domizils, oder das Gesetz des Ortes, wo das Rechtsgeschäft zur Entstehung oder zum Abschluß gekommen ist, oder das Gesetz des Ortes, wo das Rechtsgeschäft erfüllt werden soll, oder das Gesetz des Ortes, wo der Vertragsgegenstand belegen ist, vereinbaren."

[4] Die Parteiautonomie ist in Jugoslawien durch die Allgemeinen Usanzen für den Warenverkehr und durch das Gesetz für die Nutzung von Seeschiffen anerkannt.

[5] Dieser Artikel lautet: „Was ein Serbe mit einem Serben vereinbaren wird, soll nach diesem Gesetze gerichtet werden; was ein Serbe mit einem Serben im Auslande vereinbart hat, wird ebenfalls nach diesem Gesetze gerichtet werden, wenn die Parteien nicht beweisen können, daß sie fremdes Recht anwenden wollten, oder wenn sie die Hilfe eines ausländischen Gerichtes nicht wegen gesetzlicher Folgen im Auslande, die sich auf sie erstrecken, verlangen. Wenn ein Serbe mit einem Ausländer ein Geschäft macht, wird nach diesem Gesetze gerichtet, soweit der Ausländer nicht beweist, daß die Parteien fremdes Recht vereinbart haben. Wenn ein Serbe im Auslande mit einem Ausländer ein Geschäft macht, so wird nach dem Gesetze des fremden Landes gerichtet, wenn die Parteien nicht beweisen, daß sie im fremden Lande das serbische Recht anwenden wollten. Wenn ein Ausländer mit einem Ausländer in Serbien etwas unternimmt, wird nach diesem Gesetze gerichtet, wenn sich aus diesem Gesetze Rechtsfolgen auf das abgeschlossene Geschäft ergeben und keine besondere Vereinbarung über die Anwendung fremden Rechtes vorliegt".

[6] Der Art. 792 des genanten Gesetzes lautet: „Rechte und Pflichten, die aus dem Vertrage entstehen, sind den Gesetzen unterstellt, die die Parteien ausdrücklich vereinbart haben, oder deren Vereinbarung sich aus der Natur des

Die jugoslawische Außenhandelspraxis hat in neuester Zeit in internationalen Kaufverträgen in der Regel die Zulässigkeit einer Vereinbarung über das anzuwendende Recht entsprechend der Parteiautonomie nicht begrenzt. Es kann materielles Recht eines Landes vereinbart werden, das keinen Bezug zu dem Vertrage hat. In die Kaufverträge wird immer auch eine Schiedsklausel aufgenommen, die sich auf das Recht bezieht das für den Vertrag vereinbart wurde. In der Rechtslehre wird noch kein bestimmter Standpunkt angenommen, ob eine unbegrenzte oder aber eine begrenzte Parteiautonomie anerkannt werden soll. Eine Begrenzung der Parteiautonomie erscheint wegen ihrer Folgen nicht ratsam, denn sie könnte dazu führen, daß die Parteien keine Vereinbarungen über das anzuwendende Recht in die Verträge aufnehmen, wodurch in diesen eine große rechtliche Unsicherheit auftreten würde.

B. INDIREKTE BEGRENZUNGEN DER PARTEIAUTONOMIE

Die Parteiautonomie und der inländische ordre public oder zwingende materielle Vorschriften des inländischen Rechts

Im Unterschied zu den zwingenden Kollisionsnormen, die für die indirekten Zuständigkeiten der Gerichte ihren zwingenden Charakter verlieren, können Normen des zwingenden materiellen Rechts – der *ordre public* – in der Regel ihren zwingenden Charakter im Verfahren zur Anerkennung oder zur Vollstreckung ausländischer Gerichtsentscheidungen verlieren. Es erhebt sich nunmehr die Frage, ob bei der Vereinbarung des anzuwendenden Rechts alle Vorschriften des materiellen Rechts sowie alle Grundsätze und die Geschäftsmoral, die einen zwingenden Charakter haben und die den internationalen Warenaustausch leiten und begrenzen, beachtet werden müssen, oder aber, ob die Parteien einige von ihnen abbedingen können. Die Frage stellt sich damit dahin, ob nur die zwingenden Vorschriften der jeweiligen

Geschäftes oder auf andere Weise ergibt, oder die die Parteien vereinbart haben würden, wenn sie sich bei Vertragsschluß über eine solche Vereinbarung Gedanken gemacht hätten. Dieser Ort kann der Ort des Vertragsschlusses, der Erfüllung, des Gerichtsstandes, oder schließlich der Ort sein, der sonst den Umständen nach als Ort des Geschäftssitzes des Vertrages angenommen werden kann." Diese allgemeine Regel gilt jedoch nur für die schuldrechtliche Seite des Vertrages, (Art. 871); alle Sachenrechte sind dem Recht des Ortes unterstellt, in dem sie belegen sind (Art. 790, 791).

Rechtsordnung beachtet werden müssen, oder aber auch sonstige Vorschriften der jeweiligen Rechtsordnung von der Verweisung erfaßt sind. Bevor auf den hierzu bestehenden Meinungsstreit eingegangen wird, soll vorher die Frage erörtert werden, wie die Grundsätze des *ordre public* zu bestimmen sind, wenn die Vertragsparteien nur diesen bei Vertragsabschluß beachten müssen, denn die Formulierung des *ordre public* ist in den verschiedenen Gesetzen häufig sehr unbestimmt erfolgt.[7]

Die französische Lehre und Praxis lehnen sich an den Art. 6 des *code civile,* nach welchem die Abbedingung von Vorschriften des *ordre public* und der guten Sitten untersagt ist. Von dieser Vorschrift werden folgende Bestimmungen der innerstaatlichen Rechtsordnung erfaßt: Steuer-, Gebühren- und andere Abgabengesetze, Bestimmungen über Statusfragen der Parteien, Vorschriften über Schutzrechte dritter Personen – also Rechte, über die die Vertragsparteien selbst nicht verfügen und die sie auch nicht garantieren können; sodann Strafgesetze, Verwaltungsgesetze und Verfügungen; außerdem kommen hier die guten Sitten in Betracht, die den moralischen Auffassungen einer Epoche, der politischen und gesellschaftlichen Moral und den Gewohnheiten eines Landes entsprechen müßen.[8] In der Rechtslehre wird Art. 6 des *code civil* als Norm angesehen, die die Rechtsvorschriften des öffentlichen Rechts erfaßt und die den *ordre public* mit der innerstaatlichen Rechtsordnung ausgleicht.

Im Einführungsgesetz zum Deutschen Bürgerlichen Gesetzbuch wird die Anwendung ausländischen Rechts nur dann untersagt, wenn dieses den guten Sitten dem Geist der deutschen Gesetze widerspricht. Die deutsche Lehre deutet diese Norm dahin, daß die Anwendung fremden Rechts und die Vollstreckung ausländischer Gerichtsentscheidungen und Schiedssprüche nur dann mit den guten Sitten und dem Geist der deutschen Gesetze unvereinbar ist, wenn wesentliche Grundsätze des innerstaatlichen Rechtes verletzt werden. Diese Bestimmung soll nur ausnahmsweise angewandt werden. Ähnlich wie das Einführungsgesetz zum Deutschen Bürgerlichen Gesetzbuch haben diesen Grundsatz des Schutzes des *ordre public* auch das Einführungsgesetz zum BG Brasiliens (Art. 17), das BG von Ägypten (Art. 28) und das Einführungsgesetz zum *Codice di Commercio* Italiens sowie auch andere Gesetze übernommen.

[7] In der Lehre werden an diese Fragen auch Fragen über den Unterschied zwischen der öffentlichen Ordnung und dem *ordre public* angeknüpft.

[8] Kommentar von Dalloz, Ausgabe des *code civile.*

In eine dritte Gruppe von Gesetzgebungen können wir jene einreihen, die vorschreiben, daß die Vertragsparteien bei der Vereinbarung des anzuwendenden Rechts nicht nur den Grundsatz des *ordre public,* sondern auch besondere gesetzliche Verbote des Heimatlandes sowie anderer Länder zu beachten haben. So verpflichtet etwa Art. 38 des polnischen Gesetzes des Internationalen Privatrechts die Parteien zur Beachtung besonderer gesetzlicher Verbote der Domizilrechtsordnung des Schuldners und der Gesetze des Erfüllungsortes der Obligation neben den Grundsätzen des *ordre public.* Die Nichtbeachtung dieser gesetzlichen Bestimmungen hat die Nichtigkeit des Rechtsgeschäftes (Art. 10 des genannten Gesetzes) zur Folge.

In einer vierten Gruppe von Rechtsordnungen wird neben der Beachtung des *ordre public* auch die Geltung aller zwingenden Vorschriften der eigenen Rechtsordnung vorgeschrieben. Solche Bestimmungen enthalten das Gesetz für Internationales Privatrecht der Tschechoslowakei (Art. 9) und das BG von Lettland (Art. 19).

Eine fünfte Gruppe bilden schließlich die Rechtsordnungen, die außer der Beachtung des *ordre public* auch die Beachtung der Rechtsordnung verlangen, zu der der Vertrag die engsten Beziehungen hat. Eine solche Bestimmung ist in Art. 17 der Benelux-Konvention enthalten.

In allen genannten gesetzlichen Bestimmungen ist die Frage der Unterscheidung des *ordre public* von den zwingenden Normen der eigenen Rechtsordnung unaufgeklärt geblieben. Außerdem ist nicht erkennbar, ob im Falle einer Verletzung des *ordre public* oder der zwingenden Vorschriften der jeweiligen Rechtsordnung die Sanktion der Nichtigkeit sich nur auf die Klausel bezieht, die diese Normen verletzt oder aber den Kaufvertrag als Ganzes vernichtet. Hierbei ist noch zu beachten, daß in der Praxis für die Verletzung bürgerlicher Rechte Gütersanktionen fraglich sind und Verletzungen des öffentlichen Rechts, Verwaltungs- und Strafrechts Sanktionen nach sich ziehen können.[9]

In der Gerichtspraxis wird oft die Anwendung ausländischen Rechts mit oder ohne Bezugnahme auf den *ordre public* wegen Verletzung von Devisenvorschriften[10] abgewiesen. Dies geschieht auch in Fällen der Verletzung von Vorschriften über die Beschränkte Haftung des

[9] Zum Beispiel bei Einfuhrverboten, Verletzungen von Devisen- und Zollvorschriften usw.

[10] Siehe bei Widmer, *Entscheidungen der Schweizer Gerichte, op. cit.,* S. 97.

Verfrachters und für Schäden, die seine Erfüllungsgehilfen an dem Frachtgut verursacht haben.[11]

In Schiedssprüchen der Außenhandelskammern ist die Nichtanwen-

[11] Neumann, *Vertragsgültigkeit und Parteiwille in Lehre und Rechtssprechung im internationalen Schuldrecht,* S. 111.

Neuner, *Revue critique,* 4/57 und 1/58, S. 560–578, wo ein charakteristischer Fall über die Wirkung imperativer Vorschriften auf den Parteiwillen und über die Auffassung des *ordre public* auf diesem Gebiet gegeben wird. Diesen Fall wollen wir auch hier wiedergeben: der holländische Kaufmann Solbandera gab der englischen Seefrachtgesellschaft Blue Star Line ein Kontingent Südfrüchte (Mandarinen) zur Verfrachtung aus Brasilien nach Holland. Während des Transportes durch ein Schiff der Blue Star Line entstanden an der Fracht bedeutende Schäden. Solbandera verlangte Schadensersatz mit der Begründung, die Kühleinrichtungen auf dem Schiff seien für das Frachtgut nicht genügend gewesen, und die Ausladung durch die Bedienungsmannschaft sei nicht vorschriftsmäßig erfolgt. Die Blue Star Line berief sich auf das Konnossement, nach dem eine Haftung für den entstandenen Schaden ausgeschlossen sei.

Das erstinstanzliche Gericht in Rotterdam wies die Klage unter Hinweis auf die im Konnossement niedergelegte Vereinbarung ab. In der Berufung nahm Solbandera Bezug auf Art. 470 des holländischen Handelsgesetzbuches, wonach Klauseln in Frachtverträgen über den Haftungsausschluß des Frachtführers bei schuldhafter Beschädigung der Ware nichtig sind. Außerdem berief er sich auf Art. 517 des gleichen Gesetzes, in dem es heißt, daß die Vorschriften des Handelsgesetzbuches auch auf Überseetransporte aus holländischen und in holländische Häfen angewendet werden, nicht aber auch wenn diese Haftpflicht nach dem Recht des Landes, aus dem die Fracht kommt, und des Landes, in das die Fracht geht, ausgeschlossen werden kann. Solbandera vertrat die Auffassung, daß im gegebenen Fall der Haftungsausschluß nicht zulässig sei, da sowohl nach holländischem als auch nach brasilianischem Recht die genannte Klausel nichtig sei. Er war der Meinung, die Parteien könnten diese zwingenden Vorschriften nicht durch Verweisung auf englisches Recht derogieren.

Das Berufungsgericht bestätigte die Entscheidung des erstinstanzlichen Gerichtes und betonte, die Parteien könnten fremdes Recht vereinbaren, wenn kein Grundprinzip des holländischen Rechtes verletzt sei. In den Art. 470 und 517 des holländischen Handelsgesetzbuches sei ein solches Prinzip nicht enthalten.

Im Revisionsverfahren entschied der Kassationshof unter Aufhebung der vorinstanzlichen Urteile, daß der Ausschluß des Art. 470 aus folgenden Gründen nichtig sei: der Umstand eines Bestehens einer zwingenden holländischen Vorschrift an und für sich sei nicht ausreichend für die Ausschaltung der Parteiautonomie. Wenn aber das Land, mit dem der Vertrag eine Beziehung habe, die gleichen zwingenden Vorschriften wie Holland habe, dann würden diese Vorschriften angewandt. Insoweit sei der Parteiwille ausgeschaltet. Deshalb sei im vorliegenden Falle Art. 470 anzuwenden *(argumentum a contrario)* mit Bezug auf Art. 517.

Der Kassationshof in Den Haag wich in seinen Urteilen vom 19.6.1924 und 2.4.1942 von dem oben angeführten Urteil ab.

dung des von den Parteien vereinbarten Rechtes wegen Verletzung des *ordre public* sehr selten. Hierbei ist zu bemerken, daß die Anrufung des Schiedsgerichtes meistens freiwillig und ohne Vermittlung von Gericht oder Verwaltungsorganen durchgeführt wird. Nach einem Bericht der Pariser Arbitrage der dortigen Handelskammer ist kein einziger Fall der Berufung auf den *ordre public* zu verzeichnen.[12] Auch in der jugoslawischen Gerichts- und Schiedspraxis sind keine entsprechenden Fälle bekannt geworden.

Die Gesetzgebungen und die Gerichtspraxis haben bisher kein genügendes Kriterium geboten, anhand dessen mit Sicherheit festgestellt werden könnte, welche Vorschriften der *ordre public* umfassen soll. Ebensowenig besteht ein Kriterium zur Bestimmung der zwingenden Vorschriften, die, soweit gesetzlich vorgesehen, eine absolute Nichtigkeit des Vertrages nach sich ziehen. Es ist demnach Aufgabe der Rechtslehre, diese Fragen zu studieren und genügend Elemente zu bieten, um die gesetzlichen Vorschriften aufzeigen zu können, die von den Parteien durch ihren Willen abbedungen werden können. Die Meinungen hierzu sind geteilt. Einerseits wird vertreten, die Parteien könnten überhaupt nicht ausländisches Recht vereinbaren und auch zwingende Vorschriften nicht abbedingen, da die Parteiautonomie auf den Bereich der sogenannten rechtsvergleichenden Vereinbarungsfreiheit begrenzt ist. Deren Rahmen wird durch sämtliche zwingende Vorschriften der Rechtsordnungen begrenzt, mit denen die Vertragsparteien kraft ihrer Staatsangehörigkeit, ihres Domizils oder des Belegenheitsortes ihres Vermögens verknüpft sind.[13] Nach anderer Auffassung kann eine Verweisung auf ausländisches Recht erfolgen, sofern nicht die Grundsätze des *ordre public* verletzt werden.

Nach unserer Meinung ist das Problem nicht im Gegensatz zwischen dem *ordre public* und den zwingenden Rechtsvorschriften, sondern nur durch eine Auslese oder Verteilung der zwingende Vorschriften selbst. zu lösen. Aus diesen müssen dann mittels eines genauestens zu bestimmenden Kriteriums jene Vorschriften ausgesondert werden, die durch Parteivereinbarungen nicht abbedungen werden können. Im Falle der Verletzung einer dieser Rechtsnormen darf dann aber auch keine ausländische gerichtliche Entscheidung und auch kein Schiedspruch vollstreckt werden können. Irrelevant ist hingegen, ob diese Vorschriften

[12] Neumeyer, „Autonomie de la volonté et dispositions impératives en droit international privé," *Revue critique de droit international privé* 4/57 S. 599–604.

[13] Siehe darüber bei Neumeyer, *op. cit.,* S. 599–604.

von dem *ordre public* umfaßt werden oder nicht, da dieser Begriff wegen seiner Unbestimmtheit in Lehre und Praxis bezüglich Inhalt und Reichweite im internationalen Rechtsverkehr Unsicherheit schaffen und auch Mißbräuche ermöglichen kann. Erhalten die durch die Auslese bestimmten Vorschriften einen absolut zwingenden Charakter, was natürlich nur im Inlande geschehen kann, dann ist ihre Einreihung in den *ordre public* belanglos und ohne praktischen Sinn. Die vorgeschlagene Lösung des Problems ist jedoch nicht leicht durchzuführen, da die zwingenden Vorschriften, mit denen die Staaten untereinander ihren Warenverkehr regeln, von Tag zu Tag zahlreicher werden, wobei bestehende geändert oder aufgehoben und jeweils von augenblicklichen politischen und wirtschaftlichen Interessen des Staates diktiert werden. Oft haben diese Vorschriften einen verwaltungsrechtlichen Charakter, so daß ihre Verletzung Verwaltungsstrafen nach sich ziehen kann.

Daneben bestehen zwingende Normen des Zivil- und Handelsrechtes, die für den Inlandsverkehr gesetzliche Verbote darstellen und verschiedene Sanktionen nach sich ziehen können. So ist zum Beispiel nach jugoslawischem Recht der Tauschhandel durch Art. 29 des Jugoslawischen Strafgesetzes unter Strafe gestellt, das Rechtsgeschäft ist jedoch gültig – das Strafrecht hat also hier dem Zivilrecht die Vorhand gelassen –. Diese zwingenden Vorschriften sind jedoch für den internationalen Verkehr nicht genügend bestimmt und es herrscht über sie deshalb Unklarheit. Daneben bestehen Vorschriften ohne Verbotscharakter, wie etwa Verjährungsvorschriften, Fristenbestimmungen u.a., die die Vertragsparteien für den inländischen Verkehr nicht abändern können, so daß es fraglich erscheint, ob sie durch Verweisung auf ausländisches Recht abgeändert werden können.

Der Grundsatz zur Bestimmung zwingender Vorschriften des Heimatrechtes muß außer seiner Genauigkeit auch eine genügende Elastizität besitzen, um sämtliche, im Laufe der Zeit erlassenen Bestimmungen über den internationalen Kaufvertrag aufnehmen zu können. Andernfalls würde dieser Grundsatz zu einer Hemmung des zwischenstaatlichen Warenverkehrs führen. Die Verweisung auf ausländisches Recht könnte damit nicht zwingende Grundsätze und Verbote der inländischen Rechtsordnung außer Kraft setzen, soweit diese sich auf den Gegenstand und den Grund des internationalen Kaufes beziehen. Hier sollte dem Grundsatz der Parteiautonomie das allgemeine gesellschaftliche Interesse vorangehen. Es wären demnach Verträge, die der wirtschaftlichen und gesellschaftlichen inneren Ordnung nicht entsprechen sowie Verträge über Gegenstände, die außer Verkehr gesetzt wurden oder deren Verkehr begrenzt oder verboten oder deren Umgang sittenwidrig ist, nicht gestattet. Verletzungen dieser Grundsätze müßten die absolute Nichtigkeit der Rechtsgeschäfte nach sich ziehen, ohne Rücksicht darauf, ob in den Gesetzen entsprechende Sanktionen vorgesehen sind oder nicht.[14] Alle anderen Vorschriften, die nicht durch diesen Grundsatz erfaßt sind, könnten durch die Parteiautonomie abbedungen werden. Auf eine solche Lösung verweist auch die Tatsache, daß in einigen Ländern zwingende Vorschriften nicht allein aus dem innerstaatlichen Recht entnommen werden, sondern aufgrund der in den innerstaatlichen Kollisionsnormen vorgesehenen Verweisungen auch aus ausländischem Recht entspringen können. Das BG von Costa Rica aus dem Jahre 1887 gestattet die Anwendung ausländischen Rechtes auf dem Gebiete der Verjährung von Schuldverhältnissen, wenn der Erfüllungsort im Ausland belegen ist; in einem Gesetz aus dem Jahre 1940 in Alabama ist vorgesehen, daß auf Verjährungsfristen die nach dem Vertragsabschlußort länger sind als die im Rechte des Staates Alabama vorgesehene, das Recht des Staates Alabama anzuwenden ist; nach der Zivilprozeßordnung von Litauen wird die Frist für die Einlegung einer Berufung nach dem Recht des Vertragabschlußortes bemessen (Art. 708 und 1549).

Wir haben gesehen, daß auch heute noch in einigen Ländern Gesetze bestehen, die ausdrücklich die Beachtung sämtlicher innerstaatlichen Rechtsvorschriften bei internationalem Kaufe befehlen. Andererseits bestehen aber auch Gesetze, die zu den dargelegten Fragen keine Stellung nehmen, so daß Gerichte und Schiedsinstanzen infolge verschiedene Wertungen des Rechtsverkehrs und der Interessen der jeweiligen inländischen Vertragsparteien zu unterschiedlichen Deutungen einzelner zwingender Rechtsvorschriften gekommen sind, die einmal ausgeschaltet, ein anderesmal aber als unabbedingbar angesehen werden könnten. Zur Vermeidung solcher Widersprüchlichkeiten wäre nach unserer Meinung eine internationale Konvention zu begrüßen, die neben sonstigen Fragen der Gesetzeskonflikte auch die Frage des Kriteriums für die Bestimmung der innerstaatlichen zwingenden Rechtsvorschriften, die durch die Parteiautonomie nicht abbedungen werden können, also Vorschriften, die eine ausschließlich innerstaatliche Wirkung hätten, lösen würde.

[14] Siehe darüber bei Krulj, „Zabranjeni poslovi u nasem pravu", *Arhiv za pravne i drustvene nauke* 3/56.

Die Parteiautonomie und der Bereich der Länder, deren ordre public beachtet werden muß

Das Gericht wird bei der Beurteilung des auf den internationalen Kauf anzuwendenden Rechtes immer den eigenen *ordre public* zu beachten haben. Es bleibt zu fragen, ob bei dieser Beurteilung auch der *ordre public* anderer Länder zu beachten ist. Dies unter anderem deshalb, weil die Vollstreckung der Entscheidung möglicherweise durch die zuständige Behörde eines anderen Staates erfolgen muß. Dazu soll noch angemerkt werden, daß mehr und mehr Streitfälle vor Schiedsinstanzen zur Entscheidung kommen, mit denen die Vertragsverhältnisse in gar keiner Beziehung stehen, und daß oft unklar ist, wo und in welchem Lande der Schiedsspruch zur Vollstreckung kommen wird. All das zeigt wie kompliziert die Beantwortung der Frage nach der Bestimmung des Kreises der Länder ist, deren *ordre public* Beachtung verlangt.

Das polnische Gesetz für Internationales Privatrecht hat in Art. 10 geschrieben, es seien alle zwingenden Vorschriften des Domizillandes des Schuldners sowie des Erfüllungsortes zu beachten mit der Rechtsfolge der absoluten Nichtigkeit des Rechtsgeschäftes im Verletzungsfalle. Der Schuldner kann jedoch in einem dritten Lande Vermögen besitzen, so daß die Vollstreckung der Entscheidung in diesem Lande beantragt wird, mit der Folge eines möglichen Konfliktes mit seinem *ordre public*. In dem Gesetz ist weiter die Art der Obligation nicht näher bezeichnet. In Gesetzen anderer Länder sind diese Fragen nicht geregelt, sondern der Lehre und Praxis zur Klärung überlassen. Nach unserer Meinung sollte man bei der Lösung danach trachten, Bestimmungen zu finden, die den Streit auf dem kürzesten und billigsten Wege zur Entscheidung führen könnten. Dabei sollten alle verwirrenden Fragen über das anzuwendende Recht ausgeschieden werden. Mit in Betracht zu ziehen ist der *ordre public* des Landes, in dem die Durchsetzung der Entscheidung in Frage kommt. Die Kollisionsnorm hätte danach folgenden Inhalt: Die Gerichte und Schiedsinstanzen sind verpflichtet, in den Grenzen ihrer Möglichkeiten zu beachten, daß ihre Entscheidung den *ordre public* des Landes, wo die Vertragsparteien ihr Domizil haben oder des Landes, wo sie ein Vermögen besitzen, nicht verletzt. Handels- und Wirtschaftsgesellschaften haben fast immer einen Sitz, an dem sie auch über Vermögen verfügen, und in Streitfällen wird es nicht schwer sein, auch das Land ihres Sitzes zu bestimmen.

Ein objektives Kriterium zur Bestimmung des Kreises der Länder, deren *ordre public* zu beachten wäre oder die Methode der Enumeration des *ordre public* (die Aufzählung der Länder, in denen über den *ordre public* die Gerichte und Schiedsinstanzen bei ihren Entscheidungen Rechnung tragen), das in der Lehre vorgeschlagen wird,[15] ist wohl schwer zu akzeptieren. Es besteht oft gar keine Notwendigkeit für eine Prüfung der Rechte aller Länder, in denen die Durchführung einer Entscheidung in Betracht kommen könnte. Auch wäre das ganze Verfahren nicht ökonomisch. Weiterhin können durch die Enumeration nicht alle Möglichkeiten der Rechtsanwendung nach dem Erfüllungsorte erfaßt werden.

Das subjektive Kriterium zur Bestimmung des Kreises der Länder, deren *ordre public* beachtet werden muß, oder die Methode der Erfassung der „engen Beziehung" [16] oder der „Beziehung der größeren Intensität" [17] oder des „natürlichen" oder „örtlichen Verhältnisses," [18] nach welchem der *ordre public* bzw. die Vorschriften des materiellen Rechts nur jener Länder zu beachten sind, mit denen der Vertrag eine Beziehung oder ein Verhältnis besitzt, ist wegen der unsicheren Erfassung dieser Beziehungen auch nicht anzunehmen. Bis heute wurde in der Lehre kein sicheres Kriterium zur Ermittlung der Grenzen zwischen einer größeren und einer kleineren Intensität und auch nicht zwischen einem Vertrage und einem bestimmten Lande gegeben.

Die Parteiautonomie und die Gesetzesumgehung

Zur Gruppe der klassischen indirekten Begrenzungen der Parteiautonomie gehört außer dem *ordre public* auch das Institut der Gesetzesumgehung *(agere in fraudem legis)*. Eine Gesetzesumgehung liegt im Internationalen Privatrecht dann vor, wenn die Vertragsparteien durch erlaubte Handlungen (z.B. Änderung der Staatsangehörigkeit oder des Domizils) oder durch unerlaubte Handlung (z.B. falsche Zeugen, gefälschte Dokumente) Tatsachen bezeugen, durch welche in den Vertrag ein Element der Internationalität eingefügt wird, um da-

[15] Einzelne Autoren haben folgende Gesetze aufgezählt, deren *ordre public* zu beachten ist: die *lex loci contractus,* die *lex fori,* die *lex causae* und die *lex loci contractus* des Bereiches der Vertragswirkung der *lex fori* (Nussbaum, *Internationales Privatrecht,* S. 246).

[16] Neumann in der *Revue critique* 1/58, S. 73.

[17] Widmer, *op. cit.,* S. 95; Schnitzer, *IPR,* S. 107.

[18] Melchior, *Die Grundlagen des deutschen internationalen Privatrechts,* S. 505, 507.

durch die Anwendung des innerstaatlichen materiellen Rechts oder die Zuständigkeit der innerstaatlichen Gerichte zu umgehen und dadurch Vertragswirkungen zu erzielen, die nach innerstaatlichem Rechte nicht zugelassen sind. Diese Wirkungen können nach innerstaatlichem Recht ausdrücklich verboten sein oder den Grundsätzen des jeweiligen *ordre public* widersprechen.

Hieran schließt sich die Frage an, ob es überhaupt im internationalen Kaufvertrage möglich ist, eine Gesetzesumgehung zu begehen, da doch in der Regel die Ausschaltung des an sich anwendbaren Rechtes in diesem Kaufvertrage gestattet ist. In Ländern, in denen die unbegrenzte Parteiautonomie anerkannt ist und damit einen kollisionsrechtlichen Charakter hat, ist eine Gesetzesumgehung im Sinne des Internationalen Privatrechts nicht möglich, da ein durch die dispositive Kollisionsnorm bestimmtes Recht (nicht einzelne Ermächtigungen) angewendet wird. Dennoch kann es auch hier zu einem Rechtsmißbrauch kommen, wenn die Vertragsparteien das vereinbarte Recht in böswilliger Absicht zur Schädigung dritter Personen oder zur Erreichung einer unerlaubten Wirkung anwenden wollen. Hier ist zu überprüfen, ob das Gericht verpflichtet ist, Mißbräuche ausländischen Rechts zu beachten. Nach unserer Meinung sollte das Gericht Mißbräuche ausländischen Rechts verhindern. Dies besonders in den Fällen, in denen fremdes materielles Recht, das nach der heimatlichen Kollisionsnorm anzuwenden ist, als Recht und nicht als Tatsache behandelt wird, mit der Folge, daß auch alle Institute dieses Rechts zu berücksichtigen sind. Das Gericht ist jedoch nicht verpflichtet, Gesetzesumgehungen ausländischen Rechts im Sinne des Internationalen Privatrechts zu verhindern, denn es hat keine Pflicht, ausländische Kollisionsnormen anzuwenden, außer im Falle einer besonderen Ermächtigung etwa einer Rückverweisung oder Verweisung.

Gesetzesumgehungen sind nur in Ländern denkbar, in denen der Parteiautonomie ein materiell-rechtlicher Charakter zuerkannt wird. Dies gilt z.B. für den Fall in dem nach der anzuwendenden Kollisionsnorm der Vertragsabschlußort primärer Anknüpfungspunkt ist und die Vertragsparteien als Vertragsabschlußort fälschlich einen anderen Ort angeben, in dem die Parteiautonomie kollisionsrechtlichen Charakter hat, um dadurch eine unerlaubte Wirkung des Vertrages zu erzielen. Auch in Ländern, in denen eine begrenzte Parteiautonomie anerkannt ist, sind solche Gesetzesumgehungen möglich. Das gilt sowohl im Falle einer Beschränkung der Gesetze, deren Anwendung die Parteien vereinbaren können, als auch in dem Falle, in dem ein gewisses Verhältnis des vereinbarten Rechts zum Vertrag verlangt wird. Eine Gesetzesumgehung besteht auch dann, wenn im Vertrag infolge falscher Darstellung von Tatsachen materielles Recht eines Landes eingeschaltet wird, das in keinem Verhältnis zum Vertrage steht.

Gesetzesumgehungen ziehen im Internationalen Privatrecht nach Gesetzen einiger Länder die Nichtigkeit des vereinbarten Rechtsgeschäftes nach sich. Streitig bleibt, ob diese Nichtigkeit nur die Wirkungen betrifft, die durch die Gesetzesumgehung erzielt wurden, oder aber das Rechtsgeschäft als Ganzes nichtig macht. Nach unserer Meinung sollte das Schicksal des Rechtsgeschäfts im Falle einer Gesetzesumgehung von der Sanktion der eigenen Kollisionsnorm – also von den zwingenden Vorschriften des eigenen materiellen Rechtes, dessen Anwendung die Parteien ausschalten wollten, abhängig sein. Hat dagegen die Gesetzesumgehung eine unerlaubte Wirkung in größerem Ausmaß verursacht und ist diese nicht ausdrücklich vom materiellen Recht vorhergesehen und sanktioniert worden, so sollten die Sanktionen des bürgerlichen Rechts, die für ähnliche Fälle vorgesehen sind, in Kraft treten. Ansonsten ist zu berücksichtigen, daß Gesetzesumgehungen in Verträgen Wirkungen erzielen sollen, welche im Gegensatz zu den zwingenden Vorschriften der eigenen Rechtsordnung stehen. Es ist damit das Schicksal des Rechtsgeschäfts nach diesem Rechte zu beurteilen ebenso wie straf- oder verwaltungsrechtliche Sanktionen, so daß in solchen Fällen nach keinen anderen Sanktionen zu suchen ist.

Begrenzungen der Parteiautonomie durch Handelsabkommen, durch Devisenvorschriften und durch internationales Zahlungsabkommen

Die Parteiautonomie wird in besonderer Weise auch durch internationale Handels- und Zahlungsabkommen, sowie durch Devisenvorschriften begrenzt. Diese Begrenzungen geben dem Außenhandel eines Landes seinen Rahmen und regeln die Ausgleichung im internationalen Zahlungssystem.

Warenkäufe zwischen Ländern, die Mitglieder internationaler Handelsabkommen sind, werden durch Kontingente der Gattung nach bestimmter Waren, die in Ein- und Ausfuhrlisten erfaßt sind, welche in einem bestimmten Zeitraum Geltung haben, begrenzt. Werden diese Begrenzungen überschritten, so können die Vertragsparteien keine entsprechende Ein- und Ausfuhrbewilligungen erwerben. Es ist nun zu fragen, ob in einem solchen Falle eine Erfüllungsklage oder lediglich eine Schadensersatzverpflichtung aus dem Vertrage entsteht. Nach einer Meinung kann in solchen Fällen kein Verschulden an der Nichterfüllung des Kaufvertrages in Frage kommen, da die Einfuhr- oder Ausfuhrbewilligung verwaltungsrechtliche Akte sind und damit im Falle der Nichterfüllung auch nur eine mögliche verwaltungsrechtliche Strafe nach sich ziehen können.[19] Nach anderer Meinung ist der Nichterwerb einer Einfuhrbewilligung als *vis major* zu behandeln insofern als die Vertragsparteien nicht voraus sehen konnten, daß diese Bewilligung nicht erteilt wird. Nach einer dritten Meinung ist immer eine Schadensersatzpflicht anzunehmen, da Kaufverträge im Außenhandel regelmäßig Gattungsschulden zum Gegenstand haben, weshalb ein Erlöschen der Vertragspflicht aus dem Gesichtspunkt der höheren Gewalt nicht in Frage kommen kann.[20] Praktisch kommen wesentlichere Begrenzungen der Parteiautonomie doch erst nach Vertragsabschluß und nach Erbwerb einer Ein- oder Ausfuhrbewilligung zum Vorschein, nämlich dann, wenn die Art und Weise der Bezahlung des Kaufpreises in Frage kommt. Diese Begrenzungen umfassen in erster Linie die Devisenvorschriften, dann aber die *clearings* und andere Zahlungsabkommen. Daneben kommen noch andere allgemeine Ein- und Ausfuhrverbote, die besonderen Bedingungen des Außenhandels unterstellt sind, in Betracht.[21]

Die Beachtung inländischer Devisenvorschriften ist auf inländischem Gebiet zwingend und die diesen Vorschriften widersprechenden Kaufverträge können keine Rechtswirkungen hervorbringen, obwohl sie nach dem Recht, das infolge der auf der Parteiautonomie gegründeten Verweisung anzuwenden ist, gültig sind. Diese Vorschriften gehören zur zwingenden innerstaatlichen Rechtsordnung, weshalb ihre absolute Anwendung auf inländischem Gebiete gerechtfertigt ist.[22]

Die Beachtung ausländischer Devisenvorschriften auf inländischem Gebiet wird durch die Gerichtspraxis verschieden beurteilt.[23] Darauf sollte ebenfalls die *lex fori* ihren Einfluß erhalten. In Urteilen, in denen die Beachtung ausländischer Devisenvorschriften unterlassen

[19] Jezdic, *Medjunarodno privatno pravo* II, Beograd, 1960, S. 102.

[20] Jezdic, *op. cit.*, S. 102.

[21] Vgl., Jugoslawisches Devisengesetz Art. 6.

[22] Diese Auffassung galt in der Praxis der deutschen Gerichte schon zu Anfang des 20. Jahrhunderts (Eisner, *Medjunarodno privatno pravo* I, S. 260).

[23] S. Stojkovic, *Obligacioni odnosi sa elementom inostranosti*, S. 30–31; Eisner, *op. cit.*, S. 260.

wurde, obwohl nach der *lex contractus,* auf die die inländische Kollisionsnorm verweist diese zu berücksichtigen wären, wird zur Begründung entweder ein Widerspruch mit dem heimatlichen *ordre public*[24] oder aber ein Widerspruch mit dem öffentlich- oder verwaltungsrechtlichen Charakter dieser Vorschriften sowie derer territorialen Wirkung angenommen.[25]

Nach unserer Meinung sollten die Devisenvorschriften der Länder anerkannt werden, in denen eine Möglichkeit zur Erfüllung der Zahlungsverpflichtung aus dem Vertrage besteht; dies aus den gleichen Gründen, aus welchen der *ordre public* anzuerkennen ist.[26] Die Frage der schuldrechtlichen Wirkung einer Verletzung der Devisenvorschriften, d.h. die Frage ob die Erfüllung der Schuldnerpflicht wegen *vis major* nicht möglich war oder ob ein absolut nichtiges Rechtsgeschäft vorliegt, soll nach der Rechtsordnung beurteilt werden, deren Vorschriften verletzt wurden.

In Zahlungsübereinkommen sind für die in Frage kommenden Rechtsgeschäfte und Vertragspartner auch die Devisenvorschriften der Mitgliedsstaaten inbegriffen.[27] Zahlungsübereinkommen im *clearing* regeln die Valutafragen (Dollar, Pfund u.a.); Zahlungen unter *clearing*-Staaten sind durch eine einheitliche Valuta und effektiv vorgesehen.

Der internationale Kauf wird heute auch durch schriftliche Akkreditive gesichert, welche dem Verkäufer Schutz vor insolventen Käufern gewähren, dem Käufer aber einen Vorbehalt für die Bezahlung des Warenpreises bis zum Augenblicke der Eigentumsübertragung bieten. Bedingungen für Bezahlungen durch Akkreditive können die Vertragsparteien selbst bestimmen. Die vernünftigste Lösung wird wohl sein, auf Valuta- und Devisenfragen aus Akkreditiven, sofern keine Clearings- und Zahlungsübereinkommen zwischen den Ländern der Vertragspartner bestehen, die Gesetze des Landes anzuwenden, in welchem das Akkreditiv eröffnet wurde.[28]

[24] Standpunkt des schweizerischen Bundesgerichtes und des deutschen Reichsgerichtes vor dem 1. Weltkrieg.

[25] Französische Gerichtspraxis.

In der Lehre werden devisenrechtliche Verbote teilweise nach der *lex contractus,* teilweise nach der *lex loci executionis* behandelt (Eisner, *op. cit.,* S. 260).

[26] Stojkovic, *op. cit.,* S. 29.

[27] Sukjasovic, *Dvostrani trgovački sporazumi u Jugoslaviji,* S. 65.

[28] Z. Antonijovic, *Privredno pravo, bankarski poslovi i hartije od vrednosti,* S. 70.

Parteiautonomie und Einschränkungen des Warenverkehrs mit dem Auslande durch Normen betreffend die privaten Rechte inländischer Bürger im internationalen Kaufvertrag

Der internationale Kaufvertrag kann auch durch Normen begrenzt werden, die einem Staatsbürger verbieten im Verkehr mit dem Auslande in bestimmte Vertragsverhältnisse einzutreten. Dieses rechtliche Instrument ist heute an die Stelle der imperativen Kollisionsnorm, des *ordre public,* der Gesetzesumgehung und anderer klassischer Begrenzungen des internationalen Warenverkehrs getreten. Seine Anwendung führt aber häufig zu Gegenmaßnahmen in anderen Ländern. Verletzungen der in Frage kommenden Verbote sind mit verwaltungsrechtlichen Strafen sanktioniert.[29] Diese Normen haben keine exterritoriale Wirkung und sind als inländisches öffentliches Recht zu behandeln. Diese Begrenzungen erfassen nicht die Parteiautonomie. Fragen schuldrechtlicher Sanktionen der Verletzung dieser Normen können nur im Inlande, nicht aber auch auf ausländischem Gebiete, wo das internationale Privatrecht wirkt in Erwägung gezogen werden.

Einige allgemeine Bestrebungen zur Begrenzung des internationalen Warenverkehrs

In den bisherigen Betrachtungen haben wir gesehen, daß der internationale Warenverkehr durch zwingende Vorschriften des inländischen materiellen Rechts immer mehr und mehr eingeschränkt wird, und daß diese Beschränkung durch Normen des Internationalen Privatrechts, besonders durch imperative Kollisionsnormen noch unterstützt wird. Politische und wirtschaftliche Gründe einzelner Staaten haben im internationalen Kauf ihren Einfluß ausgeübt und die staatliche Kontrolle des Außenhandels erweitert. Andererseits aber verlangen die wirtschaftlichen Interessen aller Staaten einen regen Austausch von Rohstoffen und Industrieprodukten, der durch seine rechtliche Gestaltung nicht gehemmt werden soll. Wie immer sich der Eingriff des Staates in den Außenhandel gestalten mag, so kann er in anderen Staaten doch Gegenmaßnahmen verursachen, die dann zu Stockungen des Warenaustausches führen. Deshalb entstehen in neuerer Zeit wirtschaftlich-politische Gruppierungen einzelner Staatengruppen, die durch internationale Konventionen ihre Interessen zu wahren trach-

[29] Siehe jugoslawisches Gesetz für den Warenverkehr und Kundendienst mit dem Auslande, Art. 6, 137.

ten. Der zwischenstaatliche Warenverkehr dieser Staatengruppen wird durch besondere Zollvorschriften, Ein- und Ausfuhrbewilligungen, durch Vorzugsklauseln und verschiedene Erleichterungen geregelt. Hierdurch wird der Wahrenverkehr mit Nichtmitgliedstaaten dieser Gruppen geschwächt, so daß der Welthandel im allgemeinen einen Schaden erleidet.

Außerdem entfalten im Welthandel immer mehr und mehr die Außenhandelsarbitragen verschiedener Länder ihre Wirkung. Diese entscheiden nicht nur aufgrund der praktischen Instrumente des Internationalen Privatrechts, sondern auch nach dem Prinzip *ex aequo et bono,* wodurch der Einfluß der Kollisionsnorm und anderer Begrenzungen geschwächt wird.

FÜNFTES KAPITEL

DIE RECHTLICHE NATUR DER PARTEIAUTONOMIE

Der Grundsatz der Parteiautonomie kam im Zivilrecht zunächst als Folge einer individualistischen Rechtsanschauung zum Vorschein, nach welcher der Wille des Individuums eine besondere Rechtsquelle darstellt und ein vom Gesetz unabhängiger Grund eines Obligationsverhältnisses sein kann. Später, mit der Begrenzung des Privateigentums, übernimmt seine Stellung das Prinzip des „allgemeinen Willens" des Gesetzes, welches die kollektivistische Schule verteidigt. Nach ihr ist die Parteiautonomie als selbständige Rechtsquelle zu verwerfen und der Vertragsabschluß, die Vertragsgültigkeit und die Wirkung des Vertrages auf rechtliche Verhältnisse nur nach dem Gesetz zu beurteilen. Der Parteiwille kann nach dieser Auffassung nicht im Widerspruch mit dem objektiven Willen, der im Gesetz seinen Ausdruck gefunden hat, stehen. Er kann nur einige dispositive Prinzipien abbedingen. Hier ist keine Unabhängigkeit des Individuums vom Gesetze gesichert, sondern es wird den Vertragsparteien nur eine Regelung ihrer Rechte und Pflichten aus dem Vertrag ermöglicht, soweit im riesigen Gesetz system eine nähere Regelung nicht erfolgen konnte. Im Falle der Verletzung der Vertragsfreiheit oder der imperativen Rahmenvorschrift werden die Rechte und Pflichten der Vertragsparteien, die über den zulässigen Rahmen hinaus gehen, nicht nach dem Parteiwillen, sondern nach dem Gesetze beurteilt. Die Vertragsfreiheit ist demnach zugelassen, jedoch lediglich unter Begrenzung. Der Vertrag selbst findet eine gesetzliche Regelung. Von einer vollkommenen Parteiautonomie kann man also in der Lehre dieser Schule wohl kaum sprechen. Der internationale Warenverkehr ist im Wachstum begriffen und das Bedürfniß einer rechtlichen Regelung führt zur Anerkennung des Parteiwillens als rechtlichen Instituts. Die Freiheit des Vertragsabschlusses des bürgerlichen Rechts findet ihren Eingang in das Internationale Privatrecht. Seine Anpassung an die Bedürfnisse des internationalen Rechtsverkehrs und an die Probleme der Gesetzeskonflikte entfacht einen regen dogmatischen Streit über die Frage, ob die Parteiautonomie als Institut des bürgerlichen Rechts oder des internatiolen Privatrechts zu behandeln sei. Außerdem wird umstritten, ob die Parteiautonomie eine Erscheinung kollisionsrechtlicher oder aber eine solche materiell-rechtlicher Natur sei. Dies soll davon abhängig sein, ob die Vertragsparteien berechtigt sind, durch Vereinbarung über das anzuwendende materielle Recht eines bestimmten Landes auf ihren Vertrag einen Gesetzeskonflikt zu lösen oder aber, ob das vereinbarte Recht erst dann anzuwenden sei, wenn das Gesetz auf das sie verwiesen haben (die *lex loci contractus, lex loci solutionis* oder andere) den Parteiwillen als primären Anknüpfungspunkt anerkennt. Mit diesen Fragen wird oft auch die Frage nach dem Rechtsgrund der Privatautonomie verbunden, was unserer Meinung nach nicht zu befürworten ist, denn die Lösung dieser Frage hat eine andere, praktische Wirkung, wobei allerdings die allgemeine rechtliche Natur dieses Rechtsgrundes nicht bestritten werden kann.

A. DIE KOLLISIONS-RECHTLICHE NATUR DER PARTEIAUTONOMIE

In der Lehre wird betont, die Parteiautonomie habe einen kollisions-rechtlichen Charakter insofern, als direkt auf den Vertrag materielles Recht eines Landes angewandt wird, welches die Vertragsparteien vereinbart haben, wobei dieses Recht maßgebend für die Regelung ihrer Rechte und Pflichten dienen soll. Mit anderen Worten, in der Kollisionsnorm wird der Parteiwille als primärer Anknüpfungspunkt (als entscheidende Tatsache) zur Bestimmung des materiellen Rechts anerkannt, nach welchem Rechte und Pflichten aus dem Vertrage zu beurteilen sind. Die Kollisionsnorm, die dem Parteiwillen einen kollisionsrechtlichen Charakter zuerkennt, hat nach dieser Auffassung einen dispositiven Charakter. Geradeso wie die Parteien eine dispositive Vorschrift des Zivilrechts durch Vereinbarung auf andere Weise regelen können, ist es ihnen gestattet, die dispositive Kollisionsnorm zu ändern und den Gesetzeskonflikt nach ihrer Vereinbarung zu lösen.[1] Erst dann, wenn keine ausdrückliche oder stillschweigende Vereinbarung über das anzuwendende materielle Recht vorhanden ist,

[1] Haudek, *Die Bedeutung des Parteiwillens im internationalen Privatrecht,* S. 15; Widmer, *op. cit.,* S. 61.

wird das Recht des Landes angewandt, auf das die subsidiären Anknüpfungspunkte verweisen. Insofern entspricht es der Anwendung dispositiver Vorschriften des materiellen Zivilrechts für den Fall, daß der Parteiwille im Vertrage weder ausdrücklich noch stillschweigend eine eigene Bestimmung getroffen hat.[2]

B. DIE MATERIELL-RECHTLICHE NATUR DER PARTEIAUTONOMIE

Die materiell-rechtliche Konzeption des Parteiwillens erkennt keine direkte Anwendung des materiellen Rechtes eines bestimmten Landes an, welches die Parteien zur Regelung eines Gesetzeskonfliktes für ihren Vertrag vereinbart haben. Sie prüft vielmehr zunächst aufgrund der in der eigenen Kollisionsnorm vorgesehenen Anknüpfungspunkte das Recht, das auf den Vertrag anzuwenden ist als Ganzes (sowohl die Kollisionsnorm, als auch die materiell-rechtliche Normen) und erst dann, wenn die Kollisionsnormen dieses Rechtes den Parteiwillen als primären Anknüpfungspunkt anerkennen, wird materielles Recht des Landes angewandt, daß die Parteien vereinbart haben. Demnach tritt hier der Parteiwille – bzw. das durch ihn bestimmte materielle Recht – anstelle der materiell-rechtlichen Normen der Gesetze, die direkt durch die in der innerstaatlichen Kollisionsnorm vorgesehenen Anknüpfungspunkte der *lex loci contractus,* der *lex loci solutionis* und anderer gelten würden, wenn der Parteiwille nicht eine andere Regelung vorgesehen hätte.[3] Diese Auffassung ist noch heute in Lehre und Praxis sehr verbreitet, aber sie verliert allmählich an Bedeutung, denn sie ermöglicht eine Qualifikation der genannten Anknüpfungspunkte, weshalb durch sie im Vertragswesen eine rechtliche Unsicherheit entsteht. Gerade wegen dieser Möglichkeit wächst in neuerer Zeit in der Lehre die Zahl der Anhänger, die der Parteiautonomie einen kollisionsrechtlichen Charakter zuschreiben. In der französischen Lehre hat jedoch die materiell-rechtliche Konzeption der Parteiautonomie noch

[2] Diese Auffassung vertreten in der Lehre hauptsächlich Autoren der deutschen Rechtsschule, wie Widmer *op. cit.,* S. 51 und Moser, *op. cit.,* S. 155. Für die französische Lehre vergleiche dagegen Roquin, *Annuaire* und Surville, *Cour élémentaire de droit international privé,* 7A.

[3] Lewald, Bd. 2, S. 260; Zitelmann Bd. 1, S. 274 und Bd. 2 S. 373.

immer zahlreiche Anhänger, die sich vor allem auf Pillet, Niboyet und Batiffol stützen.[4]

In der Lehre wird auch die Meinung vertreten, die Parteiautonomie habe nur dann einen kollisionsrechtlichen Charakter, wenn sie imperative Normen des inländischen materiellen Rechts abbedingen kann.[5] Nach dieser Meinung ist die Frage der rechtlichen Natur der Parteiautonomie mit der nach dem Umfang derselben, also mit der Frage ob die Vertragsparteien im internationalen Kauf ihre Rechte und Pflichten auf eine andere Art regeln können, als dies in den innerstaatlichen zwingenden Vorschriften vorgesehen ist, vermengt. Die Möglichkeit zur Abbedingung soll sich nach dieser Meinung nur auf jene zwingenden Normen des innerstaatlichen Rechtes beschränken, die nicht unter den *ordre public* fallen. Hierdurch wird den Vertragsparteien die Möglichkeit zur Regelung von Konflikten dispositiver und zwingender Normen des materiellen Rechts gegeben. Der Wille tritt damit an die Stelle der Kollisionsnorm. Da nach der Lehre, die in der Parteiautonomie des bürgerlichen Rechts eine besondere Rechtsquelle sieht, durch die zwingenden Vorschriften ausgeschaltet werden können, entspricht dieser Lehre die kollisionsrechtliche Auffassung der Parteiautonomie des IPR. Die materiellrechtliche Auffassung der Parteiautonomie ist hingegen mit der Vertragsfreiheit des bürgerlichen Rechts vergleichbar, denn sie kann nur Konflikte materieller Normen dispositiven Charakters der Zivilrechts regeln. Zu bemerken ist jedoch, daß dem materiell-rechtlichen Charakter der Parteiautonomie des Internationalen Privatrechts ein engerer Wirkungskreis zugewiesen ist, als dem, den die Freiheit des Vertragsschließens im Zivilrecht hat. Die imperativen Begrenzungen des materiellen Rechts sind in verschiedenen Ländern verschieden und somit kann die Dispositionsmöglichkeit geringer sein, als im innerstaatlichen Recht. Selbst wenn bei einer Vereinbarung fremden Rechts dort die Sphäre der Vertragsfreiheit größer ist, als die des innerstaatlichen Rechts, müßten die Vertragsparteien alle zwingenden Vorschriften des innerstaatlichen Rechtes zu beachten haben. Mit der Möglichkeit einer direkten Vereinbarung über das anzuwendende materielle Recht ist den Vertragsparteien nicht

[4] Pillet, *Journal Clunet* 1894, 1895, 1896, *Principes de droit international privé* 1903 S. 227; Niboyet, *Traité de droit international privé français*, Bd. 3, 1944; Meily, Rolin. Bei den deutschen Autoren: Brandl, Neumeyer, Fritsche; bei den italienischen Autoren: Batti; in England Beale.

[5] Moser, *Vertragsgültigkeit, Vertragsabschluss und Parteiwille im internationalen Obligationsrecht*, S. 43.

bereits auch die Möglichkeit gegeben, die innerstaatlichen zwingenden Normen auszuschalten, denn diese muß abgesondert von der rechtlichen Natur des Parteiwillens beurteilt werden. Wird nach der materiell-rechtlichen Konzeption der Parteitautonomie das vereinbarte Recht angewandt, so kann das innerstaatliche Recht den Vertragsparteien ebenfalls eine Ausschaltung innerstaatlicher zwingerder Rechtsvorschriften gestatten, da die Kollisionsnorm den Parteiwillen als primären Anknüpfungspunkt anerkannt hat.

C. KRITISCHER ÜBERBLICK ÜBER DIE DARGESTELLTEN KONZEPTIONEN UND DEN RECHTSGRUND DER PARTEIAUTONOMIE

In der Rechtstheorie herrscht Uneinigkeit über das Wesen der Parteiautonomie. Nach Laurenz, Mayer und einigen anderen Juristen ist die Parteiautonomie eine selbständige Kollisionsnorm, die eine besondere Rechtsquelle, unabhängig von anderen Rechtsquellen, darstellt. Nach ihrer Meinung sind die Parteien Gesetzgeber auf dem Gebiet des Vertragswesens [6] und können deshalb unabhängig von den zwingenden Kollisionsnormen des innerstaatlichen Rechts die Anwendung fremden Rechts vereinbaren. Diese Auffassung basiert auf der Lehre der Willensautonomie der Naturrechtsschule, nach welcher der Wille des Individuums eine besondere, vom Gesetz unabhängige Rechtsquelle darstellt,[7] die dem subjektiven Recht ein Primat vor dem objektiven Recht gibt. Diese idealistische Auffassung war eine Reaktion auf die steigende Einmischung des Staates in Geschäfte mit dem Ausland und diente zur Begründung einer Beschränkung der Betätigung der Staatsgewalt. Sie entspricht damit der Lehre Dimoulens über die Willensautonomie im 16. Jahrhundert, die den Feudal-herren ihre Rechte zur Einmischung in die Regelung der Schuldverhältnisse beschneiden wollte.

In der Mitte des vergangenen Jahrhunderts – um das Jahr 1842 – erlitt diese Konzeption des Parteiwillens einen Rückschlag. Damals vertrat Wächter die Meinung, als Rechtsquelle könne nur die Kollisionsnorm des Rechtes des Gerichtes dienen, das im Streit zwischen den Vertragsparteien entscheidet. Nur diese Kollisionsnorm könne die

[6] Laurent, *Droit civil international,* 2. K., S. 381.
[7] B. Blagojevic, *Ugovori po pristanku,* S. 14.

rechtliche Wirkung der Parteiautonomie sichern. Ludwig von Bar hat die Parteiautonomie als Kollisionsnorm einer Kritik unterworfen, ohne aber einen klaren Standpunkt zu dieser Frage einzunehmen. Procher begnügte sich mit der Feststellung, der individuelle Wille sei keinen Augenblick lang unabhängig vom Gesetze.[8] Haudek meint, die Parteiautonomie sei nur eine Tatsache, an die sich rechtliche Wirkungen anknüpften. In der Lehre wird weiterhin vertreten, die Parteiautonomie sei nur ein Anknüpfungspunkt (eine entscheidende Tatsache), weshalb sie als Bestandteil einer Kollisionsnorm betrachtet werden muß. (Jezdic, Homberger u.a.). Nach anderer Auffassung ist hier eine Ausnahme von der Anwendung der Kollisionsnorm (Streit), oder sie wird als Recht (Schnitzer) oder Ermächtigung (Raape) der Parteien angesehen. Außer der Auffassung, die Parteiautonomie sei eine Rechtsquelle, werden alle anderen Meinungen auch heute noch vertreten und kennzeichnen dieselbe Erscheinung einmal von der Perspektive der Vertragsparteien zum anderen von der Perspektive der Gesetzgebung. Jedes Recht ist ja in letzter Linie eine Tatsache und es enthält eine Ermächtigung. Betrachtet von der Plattform des Rechtssystems, ist die Parteiautonomie in den Augen der Vertragsparteien ein subjektives Recht, das eine Ermächtigung enthält, für das Rechtssystem selbst aber ein Anknüpfungspunkt, bzw. eine entscheidende Tatsache. Wir stehen also immer der gleichen Erscheinung gegenüber, und nach unserer Meinung werden wir nicht fehlgehen, wenn wir inhaltlich und wörtlich diese Auffassungen, welche es auch sein mögen, akzeptieren. Kurz gefasst wäre also, nach unserer Meinung die Parteiautonomie ein Recht der Vertragsparteien, das ihnen ermöglicht, unmittelbar das Recht (Zivilrecht oder Handelsrecht) eines Landes zu bestimmen, das zur Regelung ihrer Rechte und Pflichten aus dem Vertrage angewendet werden soll. Diese Vereinbarung über das anzuwendende Recht soll als primärer Anknüpfungspunkt (als entscheidende Tatsache) dienen, in Ländern aber, wo der Parteiautonomie ein materiell-rechtlicher Charakter zuerkannt wird, soll diese Vereinbarung einen indirekten Anknüpfungspunkt darstellen.

[8] Siehe näher dazu Moser, *op. cit.,* S. 146–148.

D. GESETZGEBUNG UND RECHTSPRECHUNG EINZELNER LÄNDER MIT RÜCKSICHT AUF DIE ANERKENNUNG DES MATERIELL-RECHTLICHEN ODER KOLLISIONS-RECHTLICHEN CHARAKTERS DES PARTEIWILLENS

In die erste Gruppe wollen wir Gesetze einreihen, die dem Parteiwillen materiell-rechtliche Bedeutung zuerkennen. Diese wären: Das Einführungsgesetz zum Zivilgesetz von Brasilien, das im Art. 3 vorschreibt, dass Schuldverhältnisse durch das Recht des Vertragsabschlußortes geregelt werden; das Zivilgesetz von Mexiko vom Jahre 1928, in dem der materiell-rechtliche Charakter der Parteiautonomie in Art. 4 anerkannt ist. Anknüpfungspunkt ist das Gesetz des Wohnsitzes der Parteien; das Zivilgesetz von Argentinien aus dem Jahre 1869 hat in den Art. 8 und 205 der Parteiautonomie einen materiell-rechtlichen Charakter zuerkannt. In Frankreich hat die Gerichtspraxis das Prinzip der Parteiautonomie aus Art. 1134 des *code civil* abgeleitet, der lautet: *les conventions légalement formées tiennent lieu de loi à ceux qui les ont faites.* Diese Bestimmung weist auf den materiell-rechtlichen Charakter der Parteiautonomie hin. Mit Ausnahme des Zivilgesetzes von Mexiko sind alle anderen zitierten Gesetze im vergangenen Jahrhundert ergangen. Sie stammen überwiegend aus den Süd-Amerikanischen Staaten, wo Bustamente auf die Gesetzgebung einen großen Einfluß hatte. Dieser war ein Gegner des Prinzips der Parteiautonomie zur Regelung von Rechtsgeschäften im internationalen Verkehr.

Zur zweiten Gruppe der Gesetzgebungen gehören diejenigen, die dem Parteiwillen einen kollisionsrechtlichen Charakter zuerkennen und diese sind: das Allgemeine Bürgerliche Gesetzbuch von Oesterreich das in den Art. 36 und 37 die Vereinbarung fremden materiellen Rechtes in Verträgen gestattet, wenn eine Partei Ausländer ist. Nach Art. 25 des Zivilgesetzes von Griechenland aus dem Jahre 1940, das im Jahre 1946 in Kraft getreten ist, hat die Parteiautonomie kollisionsrechtlichen Charakter. Art. 25 besagt, daß Schuldverhältnisse aus Verträgen durch das von den Vertragsparteien vereinbarte Recht geregelt werden. In Art. 19 des Zivilgesetzes von Ägypten wird der Parteiautonomie ein kollisionsrechtlicher Charakter zuerkannt. Das gleiche gilt für Art. 25 des Zivilgesetzes von Italien und Art. 7 des Gesetzes über internationales Privatrecht von Polen sowie für Art. 9 des Gesetzes für internationales Privatrecht der Tschechoslowakei, das allerdings den Handelskauf einer besonderen Regelung unterworfen hat. Die Zivilprozeßordnung der russischen SFSR aus dem Jahre 1923 hat für Schuldverträge als primären Anknüpfungspunkt die *lex loci contractus* vorgesehen, während der oberste Gerichtshof der UDSSR in seinem Urteil vom 10.2.1932 ausgesprochen hat, daß auf sämtliche güterrechtliche Verhältnisse im internationalen Verkehr die *lex fori* anzuwenden sei. Der sowjetische Theoretiker Lunc meint, daß die *lex voluntatis* heute in der UDSSR als Grundsatz des internationalen Privatrechts anzusehen sei und die *lex loci contractus* nur ein subsidiärer Anknüpfungspunkt sein kann.[9] Nach dem japanischen Zivilgesetz vom Jahre 1898 I und II und dem alten chinesischen Zivilgesetzbuch aus dem Jahre 1918 (Art. 23) wird der Parteiautonomie ebenfalls ein kollisionsrechtlicher Charakter zuerkannt.[10]

In Jugoslawien wurde der Parteiautonomie in den vor dem 2. Weltkriege geltenden Gesetzen hauptsächlich ein kollisionsrechtlicher Charakter zuerkannt (Art. 46 des serbischen Zivilgesetzbuches und Art. 792 des Allgemeinen Gütergesetzes von Montenegro). Im Gesetze über Verträge zur Benützung von Überseeschiffen ist im Art. 5 vorgesehen, daß Vertragsverhältnisse auch auf eine andere Art, als in diesem Gesetz bestimmt ist, geregelt werden können, sofern dies durch andere Gesetze nicht ausdrücklich verboten ist. Dies weist offensichtlich auf einen kollisionsrechtlichen Charakter des Parteiwillens hin. Die jugoslawischen Usancen haben dispositiven Charakter und ihre Anwendung kann von den Vertragsparteien ausgeschlossen werden. Außerdem ist in der neueren Gesetzgebung eine Bestrebung bemerkbar, die einseitige Entscheidungen vermeiden will, weshalb sie bemüht ist, Grundsätze der Territorialität und Personalität zu vermeiden, um dadurch zu Entscheidungen auf objektiven Grundlagen zu kommen. Das weist alles auf eine kollisionsrechtliche Anerkennung des Parteiwillens hin, die auch im Interesse der Außenhandelspolitik von Jugoslawien liegt.

Wenn wir uns nun der Rechtsprechung zuwenden, können wir feststellen, daß die kollisionsrechtliche und die materiell-rechtliche Natur der Parteiautonomie in verschiedenen Ländern bemerkenswerten Wandlungen unterworfen ist. Bestrebungen, die wir in der Gesetzgebung betrachtet haben, sind auch in der Gerichtspraxis bemerkbar.

[9] Lunc, *Mezdunarodnoe castnoe pravo,* S. 32.
[10] Moser, *op. cit.,* S. 27.

In der deutschen Praxis der Gerichte finden wir nach Wahl,[11] Moser [12] und Haudek [13] um das Jahr 1930 vorwiegend Entscheidungen, in denen der Parteiautonomie ein kollisionsrechtlicher Charakter zuerkannt wird. Lewalt hat einige ältere Entscheidungen, die charakteristisch für das Ende des vorigen Jahrhunderts sind, angeführt. Darin ist der Parteiautonomie ein materiell-rechtlicher Charakter zuerkannt, wozu Haudek, Moser und einige andere Juristen bemerkten, sie seien schon damals eine Ausnahme gewesen.[14] Nach Rappe ist heute in der deutschen Rechtsprechung der kollisionsrechtliche Charakter der Parteiautonomie allgemein anerkannt.[15]

In Frankreich, wo in der Theorie die meisten Gegner der Parteiautonomie vertreten sind, hat die Rechtsprechung sowohl in älteren, als auch in neueren Entscheidungen der Parteiautonomie einen kollisionsrechtlichen Charakter zuerkannt.[16] Diesen Standpunkt der Franzosen hat auch Morandière auf der Haager Konferenz für Internationales Privatrecht bestätigt.

In Italien ist die diesbezügliche Rechtsprechung sehr unterschiedlich. Man kann Entscheidungen finden, in denen die Parteiautonomie z. B. für Handelskäufe gänzlich verworfen und als Anknüpfungspunkt abgelehnt wird. Dabei wird auf Art. 58 des *codice di commerzio* Bezug genommen, ohne Rücksicht auf die Art. 9 Abs. 3 des *codice civile* und Art. 52 des *codice di commerzio,* in denen die Parteiautonomie als primärer Anknüpfungspunkt anerkannt ist. Ein ähnlicher Standpunkt wurde in einer Entscheidung des römischen Gerichts vom 26.3.1929 eingenommen. In der Lehre hat die Mehrheit diese Auffassung der Gerichte gebilligt. Heute sind beide genannten Artikel des *codice di commerzio* außer Kraft gesetzt und die Frage über den Charakter der Parteiautonomie im Handelskauf ist immer noch offengeblieben.[17]

In der Schweiz ist der Standpunkt der Rechtsprechung bezüglich des kollisions- und materiell-rechtlichen Charakters der Parteiautono-

[11] Wahl, „Zustandekommen von Schuldverträgen und ihre Anfechtung wegen Willensmangels," *Rabels Zeitschrift* 1929, S. 779.

[12] Moser, *op. cit.,* S. 44.

[13] Moser, *op. cit.,* S. 51.

[14] Moser, *op. cit.,* S. 52.

[15] Raape, *Internationales Privatrecht,* S. 459.

[16] Moser, *op. cit.,* S. 57; Haudek, *op. cit.,* S. 46.

[17] Nach Moser, *op. cit.,* S. 68 und Schnitzer, *Internationales Privatrecht,* S. 307.

mie nicht einheitlich. Homberger,[18] Widmer [19] und einige andere Autoren haben Entscheidungen angeführt, in denen verschiedene Standpunkte eingenommen werden, jedoch sind sie alle der Meinung, daß der Parteiwille vorwiegend kollisionsrechtliche Bedeutung habe.

Die belgische und holländische Rechtsprechung hat sich an die französische Praxis angelehnt, beide haben sich aber für einen kollisionsrechtlichen Charakter der Parteiautonomie geäußert.

Über die österreichische Gerichtspraxis verfügen wir über keine vollkommenen Grundlagen, in der Lehre aber herrscht die Meinung vor, daß nach Art. 36 und dem Art. 37 des Allgemeinen Bürgerlichen Gesetzbuches von Oesterreich für Verträge der Oesterreicher mit Ausländern, dem Parteiwillen ein materiell-rechtlicher Charakter zuerkannt wird.

Im griechischen Zivilgesetzbuch ist im Art. 25 klar der Standpunkt des kollisionsrechtlichen Charakters der Parteiautonomie anerkannt. Die Praxis muß dies beachten.

Die bulgarische Gerichtspraxis hat anscheinend den kollisionsrechtlichen Charakter der Parteiautonomie anerkannt.[20] Ausnahmen gelten jedoch für Kaufverträge mit den Osteuropastaaten, die den allgemeinen Lieferungsbedingungen, die unter diesen Ländern vereinbart wurden, beigetreten sind. Deshalb könnte die Anerkennung des kollisionsrechtlichen Charakters der Parteiautonomie nur für andere Länder in Betracht kommen. Das gleiche könnte für die Staaten Asiens gesagt werden, die mit den Osteuropastaaten bilaterale Verträge abgeschlossen haben.

In Rumänien hat die Gerichtspraxis den materiellrechtlichen Charakter der Parteiautonomie angenommen.[21] Auch die dänische Rechtsprechung will nur den materiell-rechtlichen Charakter der Parteiautonomie anerkennen.[22]

Die norwegischen Gerichte wollen den kollisionsrechtlichen Charakter der Parteiautonomie nicht anerkennen, sofern sich dieser auf das Gebiet der Gültigkeit des Vertrages bezieht. Auch ist mit Sicherheit nicht festzustellen, ob der Grundsatz der Parteiautonomie in Streitigkeiten über die Wirkung des Vertrages angewandt wird.[23]

[18] Nach Moser, *op. cit.*, S. 18.
[19] Nach Moser, *op. cit.*, S. 13.
[20] Nach Moser, *op. cit.*, S. 89.
[21] Moser, *op. cit.*, S. 82.
[22] Moser, *op. cit.*, S. 92.
[23] Moser, *op. cit.*, S. 93.

Die ältere englische Gerichtspraxis hat das Prinzip *„proper law of the contract"* akzeptiert, aber nur zugunsten des englischen Rechtes. In der neueren Praxis herrscht aber überwiegend, nach Chesire, Dicey und Goldschmid, der Grundsatz, die Parteien könnten direkt ausländisches Recht vereinbaren. Dies weist auf den kollisionsrechtlichen Charakter des Parteiwillens hin.[24]

Die Gerichte der USA wollen dem Parteiwillen einen kollisionsrechtlichen Charakter geben. Dabei nehmen sie Bezug auf eine Gerichtsentscheidung (Case: Missouri Steam Ship CO 1888/89) in der dieses Prinzip behandelt wird. Dies muß allerdings mit dem nötigen Vorbehalt behauptet werden, da im streitigen Vertrage das anzuwendende Recht weder ausdrücklich noch stillschweigend vereinbart war. Das Gericht hat das Recht nach dem Grundsatz der „engen Beziehung" des Vertrages mit einem bestimmten Lande – also nach dem hypothetischen Parteiwillen – angewendet. Der hypothetische Parteiwille wird jedoch von abstrakten Beurteilungen deduziert, die keine sicheren Kriterien abgeben können; wie: nach dem „Guten Glauben", nach einer verständigen Würdigung und anderem, nach denen Recht nach persönlichem – subjektivem Dünken – angewendet werden kann.

Die Gerichtspraxis in Japan hat ebenfalls den kollisionsrechtlichen Charakter der Parteiautonomie im allgemeinen anerkannt.

Für die süd-amerikanischen Staaten haben wir schon betont, daß dort der Parteiautonomie lediglich materiell-rechtliche Bedeutung zugeschrieben wird. Dies ist auch in dem Codex Bustamente zum Ausdruck gekommen. In diesem Kodex sind Grundprobleme des internationalen Privatrechts, die sich auf diese Staaten beziehen erfaßt. Für Rechtsgeschäfte wird am Territorialitätsprinzip festgehalten.

Die Darstellung der Gesetzgebung und der Rechtsprechung verschiedener Länder hat uns gezeigt, wie verschieden die kollisionsrechtliche und materiell-rechtliche Natur der Parteiautonomie heute in verschiedenen Ländern behandelt wird. Es wäre nun zu prüfen, welche Auffassung dem Wege der Entwicklung des internationalen Privatrechtes dienlicher ist. Wollen wir dabei eine Erleichterung des internationalen Warenverkehrs und des internationalen Kundendienstes, sowie die Gewährung einer größeren rechtlichen Sicherheit für den internationalen Kauf in Erwägung ziehen, dann wäre jedenfalls die Auffassung des kollisionsrechtlichen Charakters der Parteiautonomie

[24] Moser, *op. cit.*, S. 83.

vorzuziehen, die ja in der neueren Gesetzgebung und in der Rechtsprechung der meisten Länder vorherrscht.

E. DIE BEDEUTUNG VERSCHIEDENER AUFFASSUNG ÜBER DIE RECHTLICHE NATUR DER PARTEIAUTONOMIE FÜR DIE PRAXIS

(1) Veränderte Bedingungen

Sprechen wir von der rechtlichen Natur der Parteiautonomie, so müssen wir die Beziehung des Parteiwillens zur Kollisionsnorm von der Beziehung des Parteiwillens zum vereinbarten Rechte unterscheiden, wenn wir das auf den Vertrag anzuwendende Recht feststellen wollen, nach dem Rechte und Pflichten der Vertragsparteien beurteilt werden sollen. Im Folgenden werden wir von der Beziehung des Parteiwillens zum vereinbarten Rechte sprechen und dabei müssen wir gleich feststellen, daß diese Beziehung auch von der Auffassung über die rechtliche Natur des Parteiwillens abhängt.

Nach Abschluß des Vertrages, in dem die Parteien das anzuwendende Recht eines bestimmten Landes vereinbart haben, können Änderungen in dem vereinbarten Rechte entstehen, die die Parteien nicht voraussehen konnten. Außerdem können die Parteien von der in dem Vertrage bestehenden Verweisungsklauseln Abstand nehmen und als anzuwendendes Recht das eines dritten Landes bestimmen. Deshalb ist hier die Frage über den Charakter des vereinbarten Rechtes von wesentlicher Bedeutung, gerade so wie seine Abhängigkeit von der Behandlung des Charakters der Parteiautonomie. Man fragt sich nämlich, ob dieses Recht ein Bestandteil des Vertrages oder ein Recht im normativen, positiv-rechtlichen Sinne ist, mit anderen Worten, ob es als objektives Recht gilt.

Die Lösung dieser Fragen ist dadurch erschwert, daß es kritisch ist, ob dieses Recht in die erste Qualifikation kommt, die nach der *lex fori* beurteilt wird, oder aber in die zweite Qualifikation, die nach der *lex causae* gegeben wird. Wenn sich die Bedingungen geändert haben, muß unterschieden werden, ob Tatsachen eingetreten sind, die in den Vertrag ein fremdes Element bringen, oder eine Änderung einzelner Vorschriften bzw. eine Änderung der Gesetze des Landes eingetreten ist, dessen Recht vereinbart ist. Änderungen von Tatsachen, die in den

Vertrag ein fremdes Element bringen wie Vertragabschlußort, Erfüllungsort, Staatsangehörigkeit und andere sind in den angelsächsischen Ländern von besonderer Bedeutung, da sie zu einer „engen Beziehung" des Vertrages führen können, weshalb das Recht eines anderen (nicht das vereinbarte Recht) Landes angewertet werden kann. Sie können aber auch zum Verluste der Internationalität des Vertrages führen und ihn zu einem Vertrag des inländischen Zivil- oder Handelsrechtes machen. Über diese Fragen finden wir jedoch in der Lehre keinen Anhaltspunkt. Eine Konvention der Benelux-Staaten will die erworbenen Rechte ohne Rücksicht auf spätere veränderte Umstände oder Bedingungen anerkennen (Art. 25 dieser Konvention). Was man aber unter den „erworbenen Rechten" verstehen soll, ist weder in der Lehre, noch in der Rechtsprechung geklärt, denn später entstandene Änderungen können wirken, wenn die Erfüllung noch nicht begonnen oder aber schon begonnen hat und man muß feststellen wie und wann diese Änderungen wirken und auf welche Rechte sie sich erstrecken können.

Weiter ist festzustellen, welche Bedeutung die veränderten Bedingungen, die im Vertrage ein fremdes Element schaffen, für die Auffassung des Charakters der Privatautonomie haben. Es ist der Fall denkbar, daß das von den Parteien vereinbarte Recht nur anerkannt wird, wenn dies die Kollisionsnorm des Landes gestattet, dessen Recht aufgrund des in der innerstaatlichen Kollisionsnorm bestimmten Anknüpfungspunkts angewandt wird (Vertragsabschlußort, Erfüllungsort). Wird nur ein materiell-rechtlicher Charakter der Parteiautonomie anerkannt und ändert sich diese Tatsache im Vertrag, so wird, falls das Recht, auf das diese veränderte Tatsache verweist, die Privatautonomie nicht als primären Anknüpfungspunkt anerkennt, materielles Recht dieses Landes zur Anwendung kommen und das von den Parteien vereinbarte Recht nicht anerkannt werden.

Im Falle einer Änderung positiver Vorschriften des vereinbarten Rechts sind Rechte und Pflichten der Partei aus dem Vertrage von der Qualifikation der *lex fori* abhängig. Eine andere Qualifikation kann nicht in Betracht kommen, da es sich hier um die Wirkung des vereinbarten Rechts einer Kollisionsnorm, nicht etwa um den rechtlichen Gehalt einzelner Institute des vereinbarten materiellen Rechts handelt.

Wird das vereinbarte Recht dem Vertrage selbst gleichgestellt, so müssen veränderte Umstände in der Gesetzgebung als veränderte Vertragsbedingungen betrachtet werden, mit der Folge, daß dem Vertrag *ex nunc* die Rechtswirkungen versagt werden können.[25] Sofern man glaubt, das vereinbarte Recht behalte die Wirkung positiver Gesetzesvorschriften bei, wird der Vertrag das Schicksal der veränderten Vorschriften teilen.[26] In diesem Falle hätten die Vertragsparteien unserer Meinung nach kein Recht auf Aufhebung des Vertrages.

Weiterhin wird vertreten, Änderungen von Rechten sollten von der Qualifikation des Parteiwillens abhängig sein. Folgt man dieser Meinung und erkennt dem Parteiwillen einen materiell-rechtlichen Charakter zu, so ist im Anwendungsfall durch Deutung einzelner Vertragsklauseln der beiderseitige Wille der Parteien zu erforschen und so dann festzustellen, ob die Parteien das Recht vereinbaren wollten, das im Augenblicke des Vertragsabschlusses in Kraft trat oder, ob sie mit möglichen Änderungen rechnen konnten. Bei Annahme eines kollisionsrechtlichen Charakters der Parteiautonomie würden nach dieser Meinung die veränderten positiven Vorschriften die Vertragsparteien verpflichten.[28] Ist in einem Vertrag keine Vereinbarung über das anzuwendende Recht getroffen, so ist nach unserer Meinung die Lösung der vorangehenden Fragen in der Qualifikation der subsidiären Anknüpfungspunkte nach der *lex fori* zu suchen. Werden Vertragsabschlußort, Erfüllungsort und andere subsidiäre Anknüpfungspunkte als Vertragsbestandteil betrachtet, so ist das Recht der Parteien zur Aufhebung des Vertrages wegen der veränderten Vertragsbedingungen nach der *lex causae* zu beurteilen. Die gleiche Wirkung wird durch die Qualifikation der Natur des anzuwendenden Rechtes als positive Vorschrift erreicht, soweit das Recht durch Vereinbarung der Parteien einmal bestimmt wurde. Werden diese Tatsachen gesondert vom Vertrage betrachtet, so wirkt sich deren Änderung immer auch auf das Vertragsänderungsrecht unter der Voraussetzung aus, daß die Parteien nicht ausdrücklich ein Recht vereinbart haben oder eine enge Beziehung zum Recht eines Landes durch den Vertrag nicht geschaffen worden ist.

[25] Diese Meinung herrscht in der deutschen Lehre.

[26] Diese Auffassung wird von der französischen Lehre vorwiegend vertreten.

[27] Soweit die veränderte Gesetzgebung in den Übergangsbestimmungen nicht anderes vorgesehen hat.

[28] Haudek, *op. cit.*, S. 20.

(2) Nachträgliche Rechtsverweisung

Die Vertragsparteien können nach Vertragsabschluß eine mündliche oder schriftliche Vereinbarung treffen oder auch vor Gericht eine Erklärung abgeben, daß auf ihren Vertrag nicht das in ihm angegebene, sondern das Recht eines anderen Landes anzuwenden sei. Diese Frage ist in der Lehre nur angedeutet, die Praxis der Gerichte hat zu ihr noch keine einheitliche Stellung angenommen.[29] Bemerkenswert ist die Begründung eines schwedischen Urteils aus dem Jahre 1936, in dem festgestellt wird, eine nachträgliche Rechtsverweisung verpflichte das Gericht nicht. Weiter wird in diesem Urteil ausgeführt, die rechtlichen Beziehungen müßten ihre Rechtskraft an der Quelle schöpfen, an der sie entstanden sind, also aus der vereinbarten Rechtsordnung, denn ohne Rechtsquellen könne auch keine rechtliche Beziehung entstehen. Es können nach Meinung dieses Gerichtes nicht zunächst rechtliche Beziehungen geschaffen werden und dann Forschungen nach den Rechtsquellen eingeleitet werden, nach denen die Wirkungen dieser Beziehungen beurteilt werden sollen.[30] In der Lehre wurde diese Qualifikation der Rechtsquellen einer Kritik unterworfen. Als Rechtsquelle sei nicht die vereinbarte Rechtsordnung, sondern der Parteiwille anzusehen. Wird auf einen Vertrag Recht angewandt, weil es als anzuwendendes von den Parteien vereinbart worden war, so kann gleichzeitig die rechtsbegründende Wirkung des Parteiwillens nicht nach dem gleichen Rechte beurteilt werden.[31]

Die Lösungen des Problems der veränderten Bedingungen ist unserer Meinung nach von der Qualifikation der Parteiautonomie ab-

[29] In einigen älteren schweizerischen Entscheidungen ist die Bestrebung bemerkbar, einer Vereinbarung der Parteien über das anzuwendende Recht vor Gericht keine Beachtung zu schenken, ohne Rücksicht darauf, ob im Vertrag ein bestimmtes Recht ausdrücklich vereinbart war, oder ob ein bestimmtes Recht aufgrund subsidiärer Anknüpfungspunkte angewandt wurde. Neuere Entscheidungen erkennen dagegen Vereinbarungen der Parteien an. Allerdings wird in neuesten Entscheidungen wiederum der Parteiwille nur im Augenblick des Vertragsschlusses als relevant angesehen (nach Widmer, *op. cit.*, S. 8). Homberger betont, daß in der schweizerischen Gerichtspraxis vorwiegend die Meinung herrscht, es müsse das Recht angewandt werden, auf das sich die Parteien im Augenblick des Vertragsschlusses geeinigt haben (Homberger *op. cit.*, S. 25). Vgl. auch Moser, *op. cit.*, S. 5.

[30] Högtun, *Die Parteiautonomie und die universelle Vereinheitlichung des internationalen Privatrechts*, S. 64.

[31] Högtun, *op. cit.*, S. 64.

hängig. Wird der Parteiautonomie nur der Charakter der freien Vereinbarung zuerkannt, so sollte eine nachträgliche Vereinbarung über das anzuwendende Recht gestattet sein. Wird jedoch im Vertrage dem Parteiwillen die Bedeutung eines primären Anknüpfungspunktes zugesprochen, so können die Parteien nichts mehr ändern, denn das vereinbarte Recht hätte Kraft eines objektiven Gesetzes.

SECHSTES KAPITEL

FÖRDERNDE UND HEMMENDE EINFLÜSSE DER PARTEIAUTONOMIE IM HEUTIGEN INTERNATIONALEN WARENVERKEHR

In folgenden Betrachtungen wollen wir versuchen Besonderheiten zu erläutern, welche die Vertragsparteien wegen des Einflusses der Qualifikation, des *ordre public,* der Zuständigkeit der Gerichte und anderer Institute des internationalen Privatrechts nicht vorhergesehen haben. Wurde im Vertrage außer dem anzuwendenden Rechte eines Landes auch die Gerichtsbarkeit dieses Landes vereinbart, so ist damit eine merkbar größere rechtliche Sicherheit gegeben. Es ist damit die Frage gelöst, nach welchem Recht die Qualifikation der entscheidenden Tatsachen (der Anknüpfungspunkte) vorgenommen wird, also nach welchem Recht die rechtliche Natur der Parteiautonomie selbst beurteilt wird. Dennoch können nicht vorhergesehene Entscheidungen ergehen, sei es wegen mangelhafter Formulierung des Vertrages, sei es wegen unterschiedlicher Deutung der Parteiautonomie und ihrer rechtlichen Natur oder ihrer Wirkung oder auch wegen der Zuständigkeit eines von den Parteien nicht vorhergesehenen Gerichtes.

Wie ist nun der internationale Kaufvertrag in folgenden Situationen zu behandeln?

(a) Es besteht eine Vereinbarung über das auf den Vertrag anzuwendende Recht sowie über die Gerichtsbarkeit ein und desselben Landes;

(b) es wurde nur das auf den Vertrag anzuwendende Recht vereinbart;

(c) es wurde nur die Gerichtsbarkeit oder Schiedszuständigkeit eines Landes vereinbart und

(d) es besteht im Vertrage keine der obigen Vereinbarungen.

(a) Mit der Vereinbarung des auf den Vertrag anzuwendenden Rechts und der Gerichtsbarkeit ein und desselben Landes ist die Ungewissheit, ob dieses Recht auch tatsächlich angewandt wird und die gegenseitige Rechte und Pflichten der Vertragsparteien nach ihm beurteilt werden, noch nicht beseitigt. Es wurde schon betont, daß die

Gerichtspraxis einiger Länder die Fragen des Vertragsabschlusses (der Vertragsformierung) und der Vertragsgültigkeit gesondert von der Vertragswirkung beurteilt. Sie wendet hier besondere Statute an, die durch objektive Kriterien (nach der *lex nationalis,* nach der *lex loci contractus* und nach der *lex domicilii* kumulativ oder alternativ) bestimmt sind. Die Vertragsparteien erwarten die Anwendung des vereinbarten Rechts auf sämtliche Elemente des Vertrages, sie können jedoch nicht alle Möglichkeiten voraussehen, die in der Anwendung dieser Gesetze von Bedeutung werden können.

Ein Fehlschlag in der Formulierung der Vereinbarung durch das Unterlassen einer Bestimmung über die Anwendung des materiellen Rechts kann ebenfalls zur Anwendung eines von den Parteien nicht gewollten Rechts führen. Das Gericht kann nämlich den Parteiwillen dahin deuten, er habe das Recht als Ganzes gemeint und damit die Kollisionsnormen dieses vereinbarten Rechts zur Anwendung bringen wollen, die wieder auf das Recht eines anderen Landes verweisen können.

Das von den Parteien vereinbarte Recht und die vereinbarte Gerichtsbarkeit werden nicht zur Anwendung kommen, wenn das Gericht des Landes, dessen Staatsbürgerschaft eine der Vertragsparteien besitzt, sich nach der retorsiven Zuständigkeit in Bezug auf die Gerichtsbarkeit des von den Parteien vereinbarten Landes für zuständig erklärt, über den Vertrag zu entscheiden. Das gleiche gilt, wenn ein Gericht des Landes, dem eine Vertragspartei als Staatsbürger angehört, auf den Vertrag sein Heimatrecht aufgrund des *ordre public* anwendet. Auch diese Wendungen können die Parteien nicht immer voraussehen.

Außerhalb des Vertrages liegende Faktoren für die Unsicherheit über die Regelung vertraglicher Rechte und Pflichten bilden Änderungen materieller Vorschriften zwingender Natur im innerstaatlichen Recht, Änderungen zwingender Rahmenvorschriften und imperativer Kollisionsnormen, Änderung zwingender bürgerlich-rechtlicher Normen für Ausländer, sowie die unterschiedliche Beurteilung ausländischen Rechts als Tatsache im Verfahren zur Anerkennung und Vollstreckung ausländischer Gerichtsentscheidungen.

Zusammengefaßt können die Vertragsparteien durch die Vereinbarung des auf den Vertrag anzuwendenden Rechts und der zuständigen Gerichtsbarkeit folgende Vorteile bezüglich der rechtlichen Sicherheit ihres Vertrages erzielen: Sie können den Einfluß der Kollisionsprinzipien auf die vertragliche Regelung voraussehen. Das heißt, daß abzusehen ist, wie die Qualifikation der Anknüpfungspunkte und die Kategorie der Anknüpfung sich nach den Kollisionsnormen – die erste Qualifikation – darstellen wird. Ebenso ist voraussehbar, wie die Qualifikation einzelner rechtlicher Kategorien und Tatsachen im Vertrag – die zweite Qualifikation – erfolgen wird, da sie ja das anzuwendende Recht kennt. Weiter können die Vertragsparteien auch erfahren, welche Bedingungen für den Vertragsabschluß und für die Vereinbarung über das anzuwendende Recht und die zuständige Gerichtsbarkeit erfüllt werden müssen. In Schuldverträgen, die unbewegliche Sachen zum Gegenstand haben, wird in den meisten Ländern dem vereinbarten Forum eine quasi-ausschließliche Zuständigkeit zuerkannt. Damit sind die Parteien besser vor einer gleichzeitigen Entscheidung ihres Streites bei verschiedenen Gerichten und vor contradiktorischen Urteilen geschützt.[1]

(b) Ist im Vertrag nur die Vereinbarung über das anzuwendende Recht erfolgt, besteht fast immer eine Ungewissheit über die gerichtliche Beurteilung der Rechte und Pflichten aus dem Vertrage, denn der Streit aus einem solchen Vertrag kann vor das Gericht eines Landes kommen, das keine der Parteien vorausgesehen hat. Es können auch Gerichte mehrerer Länder über den Streit entscheiden, sei es weil eine Vertragspartei ihr Domizil oder ihr Vermögen in verschiedenen Ländern hat oder weil Kollisionsnormen angewandt werden, die die Parteien bei Vertragsschluß nicht kannten. Damit herrscht aber auch eine Ungewissheit über die Anerkennung der Vereinbarung des anzuwendenden Rechts, da, wie schon gesagt, in vielen Ländern nur der materiell-rechtliche Charakter der Parteiautonomie anerkannt wird. Soweit der kollisions-rechtliche Charakter der Parteiautonomie nicht anerkannt wird, entscheidet über die Anwendung des von den Parteien vereinbarten Rechts jenes Recht, das durch objektiv bemessene Anknüpfungspunkte (die *lex loci contractus,* die *lex solutionis* und andere) bestimmt ist. Weiter herrscht Ungewissheit darüber, ob die Form des Hauptvertrags nach dem Recht des Vertragsabschlußortes entsprechend der Regel *„locus regit actum,"* die nach der *lex fori* zwingend ist oder nach der *lex causae,* die fakultativ ist, beurteilt wird. Die Parteien können in diesem Falle gar nicht wissen, welche Qualifikation der Parteiautonomie den Parteien zuerkannt wird. Von der Behandlung der rechtlichen Natur der Parteiautonomie wird auch die Anwendung des vereinbarten Rechts abhängig sein. Infolge der

[1] Siehe darüber bei Meili, *Internationales Zivilprozeßrecht,* S. 306–310.

Qualifikation entsprechend der *lex fori* kann auch die Ausscheidung einzelner Rechte und Pflichten aus dem Vertrag und ihren Regelung nach anderen Rechtsordnungen, ja sogar die Ausscheidung des ganzen Vertrages aus der *lex voluntatis* und seine Unterwerfung unter das durch andere Anknüpfungspunkte *(lex loci contractus, lex loci solutionis)* bestimmte Recht in Frage kommen. Solche Fälle wurden bereits bei der Haftungsübertragung und bei Kaufverträgen unter Eheleuten angedeutet.

Schließlich herrscht auch Ungewissheit über Abschluß und Gültigkeit der Vereinbarung des anzuwendenden Rechts wegen der Qualifikation nach der *lex fori* im Allgemeinen.

Die Vereinbarung über das anzuwendende Recht sichert die Vertragsparteien vor dem Rückgriff auf den hypothetischen Willen bzw. auf die stillschweigende Vereinbarung. Es kann auch nicht ein Recht entsprechend der Regel „enge Beziehung" oder der subsidiären Anknüpfungspunkte angewandt werden, soweit nach der *lex fori* die Parteiautonomie als primärer Anknüpfungspunkt anerkannt ist.

(c) Haben die Vertragsparteien nur die Gerichtsbarkeit oder Schiedsgerichtszuständigkeit eines bestimmten Landes vereinbart, so kann der Vertrag nach dem stillschweigenden Parteiwillen beurteilt werden, einzelne Klauseln des Vertrages können dann die verschiedenartigsten Wirkungen hervorrufen, und es kann ein Recht auf den Vertrag angewandt werden, das von den Parteien nicht gewollt wurde. In vielen Ländern wird die Vereinbarung der Gerichtsbarkeit eines bestimmten Landes als Hinweis auf das Bestehen eines stillschweigenden Parteiwillens zur Anwendung des Rechtes dieses Landes betrachtet. Die Verweise auf die Gewohnheiten eines Landes, die zur Regelung von Pflichten und Rechten aus einem Vertrag dienen sollten, können ebenfalls als Verweisung auf das Recht dieses Landes betrachtet werden, ohne daß es notwendig dem Parteiwillen entspricht. Eine Kumulation mehrer Tatsachen (z.B. Vertragsabschlußort, Gerichtssitzort, Staatsangehörigkeit und andere sind in einem Lande) kann in jedem Vertrag eine „enge Beziehung" darstellen und damit zur Anwendung der *lex fori* führen. Alle diese Möglichkeiten sind für die Parteien wohl kaum vorhersehbar, so daß also oft Recht zur Anwendung kommen kann, das sie nicht gewollt haben.

Die bloße Vereinbarung der Gerichtsbarkeit und der Schiedsgerichtszuständigkeit hat lediglich eine gute Seite, daß die Vertragsparteien damit subsidiäre Anknüpfungspunkte und ihre Qualifikation von vorhinein bestimmen können, weiter, daß nur eine geringe Wahrscheinlichkeit des Ergehens kontradiktorischer Entscheidungen mehrer Gerichte besteht und eine prozessuale Bedingung für die Vollstreckung des Urteils in einem bestimmten Land erfüllt ist.

(d) Eine allgemeine Ungewissheit über die Rechtslage eines Vertrages herrscht dann, wenn weder das auf ihn anzuwendende Recht noch die Gerichtsbarkeit vereinbart wurde. Hier spielt noch eine unterschiedliche Anwendung der subsidiären Anknüpfungspunkte und ihre unterschiedliche Qualifikation in einzelnen Ländern eine besondere Rolle. Die Parteien befinden sich vom Abschluß bis zur Erfüllung des Vertrages in ständiger Ungewissheit über ihre vertraglichen Rechte und Pflichten.

Die aufgezeigten Abstufungen der Parteiautonomie haben uns vor Augen geführt, welche Vorteile sie als Prinzip im Labyrinth der verschiedenen Anknüpfungspunkte und anderer Umstände bieten kann. Der Inhalt der Parteiautonomie, bereichert durch neue Elemente, die zur Zeit ihrer Entstehung noch nicht bekannt waren, führte sie durch das „goldene Zeitalter des bürgerlichen Rechts" in das internationale Privatrecht. Hier wurde sie durch verschiedene Institutionen (Qualifikation, Rückverweisung und Verweisung und andere) in ihrer Wirkung begrenzt und begann ihren fortschrittlichen Einfluß zu verlieren, da infolge ihrer Begleiterscheinung eine rechtliche Unsicherheit in das Vertragswesen hineingetragen wurde. Nach Eliminierung einiger sie begleitenden Mängel fand sie wieder Eingang in das internationale Vertragswesen durch ihre Akzeptierung im internationalen Kaufe durch Formularverträge.

Im klassischen Kaufvertrag wurden durch ausdrückliche Vertragsklauseln nur die Grundrechte und -pflichten der Vertragsparteien geregelt, die übrige Rechtsstellung der Parteien blieb dagegen der Bestimmung durch dispositive und imperativen Normen des vereinbarten Rechts überlassen. In Formularverträgen sind infolge genauer Formulierung ausdrücklich nicht nur die Haupt-, sondern auch die Nebenleistungen aus dem Vertrag geregelt, wodurch die Anwendung der Institutionen, wie wir sie hier betrachtet haben, unmöglich gemacht wird. Dennoch haben auch die Formular-, Muster- und Typenmusterverträge, wie wir sie in den weiteren Betrachtungen nennen werden, eine Reihe negativer Begleiterscheinungen, die durch Gesetzgebung, Gerichtsbarkeit und Schiedsgerichtsspruchpraxis verschiedene Deutungen finden, die wir zu prüfen haben.

SIEBENTES KAPITEL

DIE PARTEIAUTONOMIE IN TYPENMUSTERVERTRÄGEN

Musterverträge und Typenmusterverträge sind im innerstaatlichen Zivilrecht einzelner Staaten infolge der Geltung des Grundsatzes der Parteiautonomie geläufig und sollen dort das Vertragswesen vereinfachen und standardisieren. Mit der Präzisierung einiger Begriffe soll es den Vertragsparteien ermöglicht werden, bei Vertragsabschluß die wichtigsten Elemente des Vertrages wie Preise, Lieferungstermine, Zahlungstermine und andere zu überblicken. Andererseits sollen Vertragspartnern, die die Musterverträge akzeptieren, durch Präferenzialklauseln Verpflichtungen aufgebürdet werden, die oft nicht ihrem Willen entsprechen.[1]

Im internationalen Warenverkehr wurden Musterverträge mit der gleichen Zielsetzung eingeführt. Darüber hinaus sollten sie zu einer Verbesserung der Rechtssicherheit im Vertragswesen dienen. Ursprünglich wurden sie vor allem von großen wirtschaftlichen Kooperationen wie der London Corn Trade Association, der Liverpool Corn Trade Association, der Associazione del commercio de cereali e sommi in Genua, der American Spice Trade Association und anderen Wirtschaftsgemeinschaften verschiedener Länder angewandt. Neuerdings hat die Kommission der Europäischen Wirtschaftsgemeinschaft Musterverträge abgefasst, die im internationalen Kaufvertrag üblich sind, und durch die viele negative Seiten der handels- und wirtschaftsgesellschaftlichen Musterverträge beseitigt werden können.

A. DIE PARTEIAUTONOMIE IN MUSTERVERTRÄGEN DER BERUFSVERBÄNDE

Die bekanntesten Musterverträge auf dem Gewicht des Weizenkaufs hat die London Corn Trade Association. Diese Gesellschaft be-

[1] A. Goldstein, *„Zenevski tipski ugovori o medjunarodnoj kupoprodaji,"* S. 5f.

sitzt eine Sammlung von Musterverträgen, geordnet nach Art der Ware und dem Land des Käufers, die im Laufe der Zeit den bestehenden Handelsbedürfnissen und den geänderten Vorschriften verschiedener Länder angepasst werden. Alle diese Musterverträge enthalten auch eine Klausel, nach der für diese Verträge englisches Recht und englische Gerichtsbarkeit oder Schiedsgerichtsbarkeit anzuwenden ist,[2] mit der Maßgabe, daß diese Gerichtsbarkeit eine ausschließliche ist. Die Parteiautonomie gewinnt in dieser Klausel einen kollisionsrechtlichen Charakter. Soweit Rechte und Pflichten der Vertragsparteien im Vertrage nicht festgelegt sind, kommen dispositive Vorschriften des englischen materiellen Rechts zur Anwendung. Eine ausschließliche Gerichtsbarkeit kann infolge der sie regelnden imperativen Vorschriften nicht von den Parteien vereinbart werden, so daß die Wirkung der Bestimmung der englischen Gerichts- und Schiedsgerichtsbarkeit nach der *lex fori* zu beurteilen ist. Das gleiche gilt für die Rechtswirkung der vertraglichen Bestimmung, welche die Qualifikation bzw. Deutung einzelner Ausdrücke im Vertrag und alle hieraus resultierenden Streitigkeiten samt ihren Wirkungen und Folgen – besonders den prozessualen –, englischem Recht unterwirft. Diese vertragliche Bestimmung basiert auf der Fiktion, daß die Vertragsparteien, die nicht ihren Wohnsitz im Vereinigten Königreich Großbritannien haben, eine *élection de domicile* beim Sitze der Korporation vorgenommen haben. Es wird damit das Gebiet des Vereinigten Königsreichs von Großbritannien als Vertragsabschlußort angesehen ohne Rücksicht auf eine Korrespondenz, die sich auf das Angebot, auf die Annahme oder auf den Zahlungsort bezieht.[3] Im Streitfalle kann trotz der genannten Klauseln noch immer die Frage gestellt werden, ob der Vertrag abgeschlossen worden ist, wann er abgeschlossen worden ist und welches Recht anzuwenden ist. Ebenfalls kann der Vertrag im Streitfalle trotz der Bestimmung über die ausschließliche Anwendung des englischen Rechts und der englischen Gerichtsbarkeit vor das Gericht eines anderen Landes kommen.

[2] Georges Schwob, *Le contrat de la London Corn Trade Association,* Paris 1928, Thèse pour le doctorat, S. 73. In Musterverträgen europäischer Festlandkorporationen finden sich in den meisten Fällen Klauseln über die Anwendung schweizerischen oder französischen Rechtes und auch die Zuständigkeit schweizerischer bzw. französischer Schiedsgerichte.

[3] Schwob, *op. cit.,* S. 74.

(1) Der Mustervertrag im Streitfalle vor englischen Gerichten und Schiedsgerichten

Wird der Streit aus einem Mustervertrag einem englischen Gericht oder Schiedsgericht unterbreitet, so bestehen keine Probleme nach internationalem Privatrecht. Es wird englisches Kollisionsrecht und englisches materielles Recht angewandt, wobei die Vorschriften über Rechts- und Geschäftsfähigkeit der Parteien *(capacity)* und die Vorschriften über die *Public Policy* ausgenommen sind. Der Text eines Mustervertrages ist klar und unzweideutig gefasst und es kommen gleichliegende Streitfälle zur Entscheidung, so daß die Möglichkeit für Mißbräuche gering ist.[4]

Es besteht die Möglichkeit, daß Vertragsparteien den Mustervertrag der London Corn Trade Association benützen und insoweit abändern, als sie die Gerichts- oder Schiedsgerichtszuständigkeit oder das anzuwendende Recht zugunsten des Rechts und der Gerichtszuständigkeit eines anderen Landes ersetzen oder auch eine dieser Fragen offen lassen. Kommt der Streit dann doch noch vor ein englisches Gericht oder Schiedsgericht, so wird dieses die englische Kollisionsnorm zur Anwendung bringen und den Parteiwillen als primären Anknüpfungspunkt wirken lassen. Haben die Parteien die genannten Fragen offen gelassen, haben sie also kein Recht und keine Gerichtsbarkeit vereinbart, so werden Gesetze nach dem Prinzip des stillschweigenden Parteiwillens zur Anwendung kommen und es werden subsidiäre Anknüpfungspunkte herangezogen.

(2) Musterverträge in Streitfällen vor nicht englischen Gerichten und Schiedsgerichten

Wird ein Streit aus einem Mustervertrag der genannten Association einem nicht englischen Gericht oder Schiedsgericht unterbreitet, so werden sich in vielen Ländern diese für nicht kompetent erklären. Die Gerichte der Staaten Südamerikas erkennen jedoch Gerichts- und Schiedsgerichtsklauseln nicht an und beurteilen die Zuständigkeit nach dem tatsächlichen Wohnsitz des Beklagten.[5] Diese Gerichte und Schiedsgerichte werden sich demnach für zuständig erklären und den Streit zur Entscheidung bringen. Wird jedoch durch eine solche Entscheidung einer Vertragspartei ein Schaden zugefügt, so kann diese

[4] Schwob, *op. cit.*, S. 237.

[5] *Priručnik za spoljnu trgovinu,* Beograd, 1948.

von der anderen Partei Schadensersatz im Klagewege verlangen. Ist im genannten Mustervertrag keine Gerichtsbarkeit vereinbart oder ist die diesbezügliche Klausel im Vertrag gestrichen und wird die Klage nicht einem britischen Gericht unterbreitet, so wird sich dieses Gericht aufgrund des nachträglich ausgedrückten Parteiwillens für zuständig erklären. Wird bei der Klage vor einem nicht britischen Gericht dessen Zuständigkeit bestritten, so wird das Gericht seine Normen zur Regelung der Gesetzgebungskonflikte anwenden, soweit ein Parteiwille anderen Inhalts nicht ersichtlich ist. Die Vereinbarung englischer Gerichtsbarkeit oder Schiedsgerichtsbarkeit kann aber auch nichtig sein, falls die notwendige Beglaubigung einer öffentlichen Amtsstelle, die nach der *lex fori* erforderlich ist, fehlt. In diesem Falle kann das Recht des Gerichtes nach der Qualifikation der Schiedsgerichtsklausel bzw. nach der Prorogationsvereinbarung als prozeßrechtliche Institution angewandt werden.

Auch werden nicht britische Gerichte in den Fällen zuständig sein, in denen beide Vertragsparteien die Staatsangehörigkeit des Landes besitzen, in dem der Gerichtssitz liegt und die Klage hier eingereicht worden ist. Solche Klagen sind in der französischen Gerichtspraxis sehr zahlreich, da durch Vertretungen englischer und anderer Firmen in Frankreich die Musterverträge der London Corn Trade Association sehr häufig zur Anwendung kommen, aber auch von französischen Staatsangehörigen angewandt werden. Die französische Gerichtspraxis hat in Streitfällen aus diesen Verträgen keinen einheitlichen Standpunkt eingenommen.[6] In den neueren Entscheidungen wird die Vereinbarung ausländischer Gerichtsbarkeit und ausländischer Schiedsgerichtsbarkeit dann nicht gestattet, wenn an den Streitfällen nur inländische Vertragsparteien beteiligt sind, dann auch ohne Rücksicht auf den Bestand eines fremden Elements im Vertrag.[7]

[6] Urteile, in denen sich die Gerichte für zuständig erklärten: Marseille 1923, Clunet 1923, S. 280; Marseille 1925, Clunet 1926, S. 72 und Dijon 1925, Clunet 1925.
Urteile, in denen sich die Gerichte für unzuständig erklärten; Reims 1925 und Le Havre 1925 (nach Schwob, *op. cit.*, S. 240–241).

[7] In der Schweiz hat das Bundesgericht den Standpunkt der obligaten Rechtsanwendung nach dem gemeinsamen Domizil, bzw. der gemeinsamen Staatsbürgerschaft ohne Rücksicht auf den Parteiwillen und auf das Bestehen einer Auslandsbeziehung des Vertrages angenommen. (Widmer, *op. cit.*, S. 115f).

Nach der in der deutschen Literatur herrschenden Meinung kann zwischen deutschen Staatsbürgern nicht die Anwendung fremden Rechts vereinbart werden, ohne Rücksicht auf sonstige Auslandsbeziehung des konkreten Rechtsver-

In Jugoslawien ist nach dem Einführungsgesetz zur Zivilprozeßordnung die Vereinbarung über die Zuständigkeit ausländischer Gerichte im internationalen Kauf gestattet, soweit eine der Vertragsparteien Ausländer ist. Sollte also unter zwei jugoslawischen Vertragsparteien ein Vertrag nach dem Muster der London Corn Trade Association über ein im Ausland liegendes Gut abgeschlossen werden, wobei englische Gerichtsbarkeit vereinbart war und sollte der Streit einem jugoslawischen Gericht unterbreitet werden, so wird sich das jugoslawische Gericht zur Entscheidung für zuständig erklären, denn die genannte Bestimmung verlangt die ausländische Staatsangehörigkeit einer Vertragspartei. Da diese Bedingung nicht erfüllt war, ist die genannte Vereinbarung nichtig. Sollte jedoch der Streit einem englischen Gericht unterbreitet werden, und sollte dieses trotz der zwingenden Bestimmung des jugoslawischen Rechts den Streit entscheiden, dann wäre ein solches Urteil in Jugoslawien dennoch zu vollstrecken, soweit nicht andere prozessuale Vorschriften oder der *ordre public* verletzt wurden. Es wären demnach sämtliche Umstände zu berücksichtigen, die wir in dem Kapitel über die Begrenzungen der Parteiautonomie durch zwingende Vorschriften betrachtet haben.

Hat sich ein ausländisches Gericht zur Entscheidung über einen englischen Mustervertrag für zuständig erklärt so kann es, wie vereinbart, englisches Recht – Kollisionsrecht – anwenden, dadurch aber eventuell die Möglichkeit erhalten, im Wege einer Verweisung oder Rückverweisung eigenes materielles Recht oder das materielle Recht eines anderen Landes anwenden zu können. In diesem Falle ist die Parteiautonomie durch zwingende Kollisionsnormen und durch den *ordre public* des Gerichtssitzlandes begrenzt. Daneben kommen auch zwingende Rahmenvorschriften zur Begrenzung der Parteiautonomie in Betracht, soweit eine der Vertragsparteien im Lande des Gerichtes sein Domizil hat oder soweit die Vertragserfüllung in diesem Lande erfolgen soll. Weiter besteht auch die Möglichkeit einer Qualifikation

hältnisses. Das Reichsgericht hat jedoch in einem Urteil 1928 im Streit zwischen zwei Russen, die in der UDSSR einen Vertrag über den Kauf von US Dollar abgeschlossen hatten, deutsches Recht, als das Recht des Erfüllungsortes angewandt. Ähnlich urteilte das Kammergericht im Jahre 1927 (Neumann, *Vertragsgültigkeit und Parteiwille in Lehre und Rechtsprechung des internationalen Schuldrechts*, S. 95–99).

Es besteht ein Urteil des englischen *High Court of Justice King's Bench Division* vom 29. 1. 1926, in dem sich das englische Gericht für unzuständig erklärte, weil beide Vertragsparteien ausländische Staatsbürgerschaft besaßen und auch ihren Wohnsitz im Ausland hatten (Schwob, *op. cit.*, S. 240).

nach dem Vertragsabschlußort, soweit der Vertrag nicht unter Anwesenden abgeschlossen wurde und auch nach dem Erfüllungsort, da sie nach der *lex fori* vorgenommen wird. Dies ist für die Fragen des Vertragsabschlusses und der Vertragsgültigkeit einerseits, sowie der Vertragswirkung anderseits von Bedeutung. Die Klausel des Mustervertrages, nach welcher der Vertragsabschlußort in England ist, mit der Anmerkung: „ohne Rücksicht auf eine etwaige Korrespondenz über das Angebot, Annahme oder Zahlungsort" kann ihre rechtliche Bedeutung verlieren, wenn die Angebotsannahme des Vertrages unter abwesenden Personen tatsächlich in einem anderen Lande erfolgte. Dies ist dann der Fall, wenn in diesem Lande der Vertragsabschlußort nach zwingenden Kollisionsnormen geregelt ist und diese Kollisionsnormen den Vertragsarschlußort nach dem Prinzip der Angebotsannahme bestimmen. Dies gilt nur für Länder, in denen die Institution der *élection de domicile* nicht bekannt ist.

B. UNTERSCHIEDE DER PARTEIAUTONOMIE ZWISCHEN DEM INTERNATIONALEN KAUFVERTRAG UND DEM INTERNATIONALEN MUSTERKAUFVERTRAG

Oberflächlich betrachtet wird die Parteiautonomie in Musterverträgen von rechtlich beschränkenden Erscheinungen begleitet wie im klassischen internationalen Kauf. Tatsächlich aber haben Musterverträge dennoch Vorteile, da durch sie die vielfältige Möglichkeit der Anwendung verschiedenster dispositiver Vorschriften eingeengt, den Vertragsparteien ein besserer Einblick in ihre Rechte und Pflichten gewährt und auch die Ungewissheit über die Auslegung materiellrechtlicher Klauseln im Vertrage vermindert wird. In Musterverträgen ist in der Regel eine Vereinbarung über das anzuwendende Recht und über die Gerichtsbarkeit oder die Schiedsgerichtsbarkeit vorgesehen. Außerdem werden heute durch Lehre und Praxis Musterverträge internationaler Organisationen begünstigt (Beispiel Genfer – und andere Musterverträge), da sie in den internationalen Kauf eine größere Sicherheit bringen als die Musterverträge verschiedener Handelsgesellschaften, die durch diese ihre Interessen zu sichern bestrebt sind.

C. DIE PARTEIAUTONOMIE IN MUSTERVERTRÄGEN, DIE DURCH DIE EUROPÄISCHE WIRTSCHAFTSKOMMISSION DER VEREINTEN NATIONEN ZUSAMMENGEFASST WURDEN

In Musterverträgen, die durch die Europäische Wirtschaftskommission ausgearbeitet wurden (die Genfer Musterverträge) ist im Unterschied zu den Musterverträgen großer Handelsgesellschaften die Anwendung des Rechts des Niederlassungsortes der Gesellschaft nicht vorgesehen. Das Recht soll vielmehr nach bestimmten Kriterien angewandt werden. Es wird also die Geltung eines einzigen Rechtssystems vermieden, wodurch sowohl Interessen des Käufers als auch des Verkäufers im internationalen Warenaustausch geschützt werden.

(1) Die Genfer Musterverträge – Allgemeines

Die Europäische Wirtschaftskommission der UNO in Genf hat auf Anregung der Mitglieder der Organisation der Vereinten Nationen und unter Mitarbeit der Vertreter verschiedener Staaten, deren Wirtschafts- und Handelsverbände, Musterverträge und allgemeine Bedingungen für den internationalen Kauf zusammengestellt. Diese Musterverträge wurden in ihrer endgültigen Redaktion veröffentlicht, an der sowohl die Ost- als auch die Westeuropastaaten durch ihre Vertreter mitgearbeitet haben.[8] Diese allgemeinen Kaufbedingungen und Musterverträge sind für die Mitgliedstaaten nicht verpflichtend. Die Vertragsparteien können sie fakultativ nach der Art des internationalen Kaufes insgesamt oder auch nur teilweise in Anspruch nehmen. Das gleiche gilt für die allgemeinen Kaufbedingungen, die wie die Musterverträge übersichtlich zusammengefaßt sind und lediglich den Unterschied aufweisen, daß sie ein Verzeichnis der Vertragsklauseln bilden, die die Parteien im Vertrag nach ihrem Ermessen insgesamt oder teilweise anwenden können.

Die Genfer Musterverträge und Kaufbedingungen sind ein weiterer Fortschritt auf dem Gebiete des internationalen Kaufvertragswesens. Erstens haben ihre materiellen Bestimmungen nicht ihr Fundament in dem nationalen Recht eines Staates, sondern sie erfassen die Handelsgewohnheiten mehrer Staaten und bilden hieraus einheitliche Regeln. Zweitens bauen sie auf dem Grundsatz auf, daß Gleichberechtigung Gerechtigkeit ist. Schließlich ist die Fassung der technischen Bearbei-

[8] A. Goldstein, *op. cit.*, S. 7–9.

tung der Genfer Musterverträge, ihr Inhalt und ihre Klarheit das Endergebnis eines Studiums bedeutender Fachleute auf rechtlichem und wirtschaftlichem Gebiet und berücksichtigt die langjährige Praxis des internationalen Handels ebenso wie die Erfahrungen der Gerichte und Schiedsgerichte verschiedener Länder.

(2) Unterschiede zwischen Musterverträgen einzelner Handelsgesellschaften und Musterverträgen der europäischen wirtschaftlichen sozialen Kommission (ECOSOC)

In der Regel enthalten die Genfer Musterverträge keine Klauseln über das anzuwendende Recht. Durch diese Fassung soll die Anwendung verschiedener nationaler Kollisionsnormen und anderer Institutionen, die in Verträgen eine rechtliche Unsicherheit schaffen, vermieden werden. Ist jedoch damit auch dieses Ziel erreicht? Zur Beantwortung dieser Frage ist eine gründliche Analyse sämtlicher Klauseln dieser Verträge erforderlich. Dabei ist zu prüfen, wieweit sie den Vertragsparteien in verschiedenen Situationen gleiche Rechte gewähren. Weiterhin ist festzustellen, ob durch sie alle Rechte und Pflichten erfaßt sind, die sonst durch zusätzliche Anwendung nationaler dispositiver Vorschriften aufgrund der Kollisionsnormen der *lex fori* geregelt werden müssen. Ausnahmen von der Regel der Nichtverweisung auf ein nationales Recht sind nur in den „allgemeinen Kaufbedingungen bei Ein- und Ausfuhr dauerhafter Verbrauchsgüter und Industriewaren aus serienmäßiger Produktion" sowie in den „allgemeinen Bedingungen für die Ausfuhr von Bestückungsmaterial" vorgesehen, nach denen das Recht des Domizillandes des Verkäufers anzuwenden ist, sofern nicht eine andere Vereinbarung der Parteien besteht. Die Fassung dieser Ausnahme im endgültigen Text war sehr umstritten. Ihre Annahme wurde mit der Tatsache begründet, daß fast alle Länder trotz Anerkennung der Parteiautonomie eine gewisse Beziehung zum Vertrage durch ihr nationales Recht aufrecht erhalten wollen und daß die Rahmenvorschriften der Musterverträge immer Ablehnung der Vollstreckbarkeitserklärung für Entscheidungen, in denen Grundsätze des *ordre public* oder anderer zwingender Vordischen Gerichts- und Schiedsgerichtsentscheidungen einer Kontrolle unterworfen sind.[9] Tatsächlich besteht ja immer die Möglichkeit zur

[9] A. Goldstein, *op. cit.*, S. 19.

Ablehnung der Vollstrckbarkeitserklärung für Entscheidungen, in denen Grundsäatze des *ordre public* oder anderer zwingender Vorschriften verletzt sind, wie wir schon in den vorangegangenen Betrachtungen gesehen haben.

Erfordernisse, die im Rahmen des Anerkennungs- und Vollstrekkungsverfahrens ausländischer Gerichtsentscheidungen und Schiedssprüche gestellt werden, beziehen sich auf die Beachtung der Vorschriften des *ordre public* und auf die zwingenden Rahmenvorschriften, nicht aber auch auf die Beachtung der Kollisionsnormen. Es besteht also ein Band, das den Vertrag an das nationale Recht knüpft, ohne Rücksicht auf das Vorhandensein der Willensautonomie, die dieses Band zwar schwächen kann, im Anerkennungsverfahren aber ohne Bedeutung ist, da das Gericht Recht aufgrund innerstaatlicher Kollisionsnormen zur Anwendung bringt. Mit Rücksicht auf eine mögliche Unvollkommenheit der genannten Kaufbedingungen ist die Frage über die Zweckmäßigkeit einer Vertragsklausel über das anzuwendende Recht von größter Bedeutung. Sollten sich die Vertragsparteien nämlich über das wegen dieser Unvollkommenheit anzuwendende Recht nicht einig sein, so wird das Recht des Gerichtssitzortes angewandt werden. Nach unserer Meinung sollten solche Unvollkommenheiten durch neue materielle Bestimmungen erfaßt werden, um dadurch die Möglichkeit der Anwendung von Recht aufgrund der Kollisionsnormen ausgeschaltet wird und damit die Ungewissheit über das Recht des Gerichtssitzortes beseitigt wird.

In der Fassung der Genfer Musterverträge befindet sich auch eine Schiedsgerichtsklausel, die im Einklang mit den heutigen Handelsgewohnheiten steht. Sie ermöglicht den Vertragsparteien, ihre gegenseitigen Verpflichtungen im Streitfalle einem Forum zu unterbreiten, das sie selbst vereinbart haben und dem sie ihr Vertrauen auf gerechte und gleiche Behandlung schenken können.

Die Genfer Musterverträge haben den Grundsatz der Vertragsfreiheit akzeptiert. Sie bedeuten einen Fortschritt für den internationalen Kaufvertrag in Bezug auf Musterverträge der Handelsgesellschaften verschiedener Länder, denn sie beachten die Gleichberechtigung der Vertragspartner und gewähren dadurch eine größere rechtliche Sicherheit des Vertragswesens. Die allgemeinen Kaufbedingungen aber, von denen wir gesprochen haben, werden noch immer von einer rechtlichen Unsicherheit begleitet. Bei ihrer Anwendung wirken nämlich noch immer alle negativen Seiten, die wir bei der Behandlung der Grundsätze der klassischen Parteiautonomie feststellen konnten mit.

ACHTES KAPITEL

REGIONALE REGELUNG DER PARTEIAUTONOMIE IN INTERNATIONALEN VERTRÄGEN

Die Notwendigkeit einer Regelung des Parteiautonomieprinzips zeigte sich bei der Vereinheitlichung kollisions- und materiell-rechtlicher Bestimmungen im internationalen Vertragswesen, bei der Ausarbeitung von Konventionsvorschlägen für internationales Privatrecht und für den internationalen Kaufvertrag.[1] Unsere Betrachtungen über die Parteiautonomie werden wir auf jene Konventionen richten, die den internationalen Kaufvertrag zu regeln haben, wobei sie auch andere Beziehungen des internationalen Kaufes zum internationalen Privatrecht berücksichtigen werden.

[1] Die ersten Bestrebungen einer Vereinheitlichung der Kaufbestimmungen stammen aus dem Jahre 1926, als die International Law Association auf ihrem Kongresse einige allgemeine Grundsätze auf diesem Gebiete herausstellte. Eine erschöpfenderere Bearbeitung dieser Frage begann erst nach dem 2. Weltkriege. Auf Anregung der genannten Association und des Internationalen Institutes für die Vereinheitlichung des Privatrechtes wurden mehrere Konventionsvorschläge ausgearbeitet, die sich auf den internationalen Kauf beziehen, aber keiner von ihnen ist in Kraft getreten, weil sie nicht die Ratifizierungsquote (von mindestens 5 Mitgliedstaaten) erzielen konnten. Bemerkenswert ist der Vorschlag eines einheitlichen Gesetzes für den Vertragsabschluß über den Kauf von körperlichen beweglichen Sachen. Zu Berücksichtigen sind aber auch der Vorschlag eines einheitlichen Gesetzes für den internationalen Kauf körperlicher beweglicher Sachen und die Konvention über ein Gesetz, das auf den Kauf und Verkauf körperlicher beweglicher Sachen anzuwenden wäre (Konvention über die Gesetzeskollision).

Auch im Rahmen des Rates für gegenseitige wirtschaftliche Hilfe wurde an der Vereinheitlichung von Vorschriften über den regionalen Warenverkehr gearbeitet. Im Jahre 1958 wurde unter den Osteuropastaaten eine Konvention über die allgemeinen Bedingungen von Warenlieferungen unter den Mitgliedstaaten ratifiziert.

Außerdem bestehen Konventionen für internationales Privatrecht, die in den Jahren 1889 und 1940 in Montevideo unter den südamerikanischen Staaten abgeschlossen wurden, sowie der Codex Bustamente. Diese haben in diesen Staaten auch heute noch Geltung. Wir werden sie in den nachfolgenden Betrachtungen näher prüfen.

A. KONVENTIONEN ENGEREN REGIONALEN CHARAKTERS

Die Parteiautonomie in den allgemeinen Warenlieferungsbedingungen der Osteuropastaaten[2]

In den allgemeinen Warenlieferungsbedingungen ist die Parteiautonomie nur für Einzelfälle vorgesehen, in der Regel sind die zwingenden Bestimmungen dieser Warenlieferungsbedingungen anzuwenden. Durch dieses Merkmal unterscheiden sie sich von den Genfer Kaufbedingungen und anderen internationalen Konventionen, die die Parteiautonomie als Grundprinzip des Vertragswesen anerkennen.

[2] Die Fassung der allgemeinen Warenlieferungsbedingungen des Rates für gegenseitige Wirtschaftshilfe (SEV) war das Ergebnis einer längeren Entwicklung des Warenverkehrs unter den Osteuropastaaten. Im Jahre 1951 erschienen in Osteuropa die allgemeinen Bedingungen für Warenlieferungen, die jedoch vorerst nur eine Empfehlung für Handelsgesellschaften darstellten, die im Vertrage nicht erfaßt waren. Sonst wurden die allgemeinen Grundsätze des internationalen Privatrechtes angewandt. Vom Jahre 1952 bis zum Jahre 1957 haben die genannten Staaten zweiseitige Staatsverträge auf den Grundsätzen der allgemeinen Warenlieferungsbedingungen abgeschlossen, die die Form eines Protokolls über diese Bedingungen hatten und von den Ministern für Außenhandel unterzeichnet wurden. (Lunc: *Voprosi mezdunarodnogo castnogo prava* [Probleme des internationalen Privatrechtes] S. 33–35). Schließlich hat im Jahre 1958 eine ständige Kommission für den Außenhandel, als Organ des SEV, in der bevollmächtigte Vertreter der Ministerien für Außenhandel der Mitgliedstaaten saßen, die allgemeinen Bestimmungen für Warenlieferungen unter den Mitgliedstaaten festgelegt. Dabei handelt es sich um einen besonderen Akt internationalen Charakters, der, obwohl er keiner Ratifikation bedarf, dennoch die Staaten, die das Abkommen unterzeichnet haben, bindet.

Über die rechtliche Natur der allgemeinen Warenlieferungsbedingungen sind die Meinungen in der Lehre geteilt. Zu dieser Frage werden drei Auffassungen vertreten: Nach der einen sind die allgemeinen Warenlieferungsbedingungen internationale Konventionen; nach der anderen handelt es sich um eine *lex specialis* in Bezug auf die nationalen zivilrechtlichen Vorschriften. Nach der dritten sollen die allgemeinen Warenlieferungsbedingungen keinen zwingenden Charakter haben, sondern nur als Empfehlung betrachtet werden (Ischtschenko – Zacepin, „Die allgemeinen Bedingungen des SEV vom Jahre 1958, ein Dokument von großer Bedeutung." – Vnesnaja torgovlja (Außenhandel) 1958/12, S. 9–17). Nach unserer Meinung ist die dritte Auffassung nicht begründet, da die Mitgliedstaaten des SEV trotz der fehlenden Ratifikation durch den Beitritt ein auf internationalen Verpflichtungen begründetes Dokument anerkannt haben. Außerdem besteht in allen zweiseitigen Verträgen eine Klausel über zwingende Wirkungen der allgemeinen Warenlieferungsbedingungen für Verträge, die unter den Gesellschaften abgeschlossen werden (Lunc, *op. cit.*, S. 38). Die allgemeinen Warenlieferungsbedingungen sind also mehrseitige zwischenstaatliche Vereinbarungen, deren Bestimmungen alle Außenhandelsunternehmungen der Staaten verpflichten, die sie unterzeichnet haben.

Die zwingende Regelung der Beziehungen im Außerhandel,[3] wo eine langjährige Tradition der Vertragsfreiheit herrscht, ist eine einzigartige Erscheinung. Es handelt sich um einen besonderen Angriff gegen das Prinzip der Parteiautonomie im internationalen Privatrecht.

In der Präambel der allgemeinen Bedingungen für Warenlieferungen ist eine Ausnahme für einzelne zwingende Bestimmungen zugunsten der Parteiautonomie in den Fällen vorgesehen, in denen dies die Eigenart der Waren und Besonderheit ihrer Lieferung erfordern. (gleich wie in den früheren zweiseitigen Staatsverträgen, die bis zum Jahre 1958 in Kraft waren). Die Beurteilung der Eigenartigkeit der Waren und der Besonderheit der Lieferungsbedingungen ist den Vertragsparteien überlassen. Man kann nun die Frage stellen, ob das Gericht die Beurteilung der Parteien über die Besonderheit der Waren und der Lieferung auf ihre Notwendigkeit hin nachprüfen kann und welche Kriterien dabei anzuwenden sind. Im Außenhandel könnte man ja fast jedem Vertrage eine Besonderheit zumessen und eine extensive Deutung dieser Bestimmung könnte von der Ausnahme zur Regel führen, was jedenfalls diese Bestimmung nicht bezweckt.

Obwohl in den allgemeinen Warenlieferungsbedingungen vom Jahre 1958 Rechte und Pflichten der Vertragsparteien ausführlich geregelt scheinen, wie dies auch in den früher betrachteten Musterverträgen und Kaufbedingungen der Fall war, kommen Fragen zum Vorschein, die mangelhaft oder gar nicht geregelt sind. In solchen Fällen könnte das von den Vertragsparteien vereinbarte Recht angewendet werden. So enthalten die allgemeinen Warenlieferungsbedingungen keine Bestimmungen über die Verjährung der Forderung, über den Schadensersatz bei Lieferung von Waren minderer Qualität,

[3] Der zwingende Charakter der Bestimmungen in den allgemeinen Warenlieferungsbedingungen hat in der Lehre eine große Polemik hervorgerufen. Ein Großteil der Autoren in der UDSSR vertritt die Meinung, daß ihr zwingender Charakter anerkannt werden muß. Auch in Bulgarien ist Kutikoff der gleichen Meinung, vergleiche sein IPR von Bulgarien, Sofia 1955, S. 327. Das gleiche gilt für Rumänien: Popescu, *Problemi juridice in relative comericele internationale RP Romania,* Bukarest 1955, S. 80–81. Vergleiche auch Fellhauer, *Außenhandel* 1958/20, S. 707.

Die Gegenmeinung, daß die allgemeinen Warenlieferungsbedingungen dispositiven Charakter haben, vertreten: J. Nurin, K. Herman, K. Stepan und F. Heindsuchat in *Organisation und Technik des Außenhandels,* 1957, S. 397. (zitiert nach Lunc, *op. cit.,* S. 37).

Nach unserer Meinung sind die genannten Bedingungen nach der Präambel als zwingende Vorschriften anzuwenden. Nur in Ausnahmefällen wird die Regelung vertraglicher Beziehungen der Disposition der Parteien überlassen sein.

über Verzugsstrafen usw. Im § 48 der Bedingungen ist vorgesehen, daß der Käufer sein Recht auf einen Schiedsspruch verliert, wenn er den Termin für die Mängelrüge verpasst hat. Soll das bedeuten, daß die geschädigte Vertragspartei auch vor einem Gericht ihr Recht nicht durchsetzen kann? Oder wäre für diesen Fall vielleicht die Möglichkeit der Anerkennung eines anderen Zeitpunktes gegeben, der durch das Recht des Gerichtes oder durch das nach der Kollisionsnorm des Gerichtes maßgebliche Recht oder schließlich durch das Recht, das die Vertragsparteien vereinbart haben vorgeschrieben wird? Professor Lunc ist der Meinung, es seien auf sämtliche nicht geregelten Fragen der allgemeinen Warenlieferungsbedingungen vom Jahre 1958 die allgemeinen Grundsätze des internationalen Privatrechts anzuwenden, das die zusätzlichen materiell-rechtlichen Normen zu bestimmen hat. Seine Ansicht begründet er mit einer Entscheidung der Außenhandelsarbitrage in Moskau, die über einen Streit zwischen einem sowietischen und einem ungarischen Handelsunternehmen zu verhandeln hatte. Das beklagte ungarische Unternehmen hat die Bezahlung eines Schadensersatzes für Warenmängel an seinen sowietischen Vertragspartner abgelehnt und berief sich auf § 48 der allgemeinen Warenlieferungsbedingungen, in dem für die Mängelrüge eine Frist von 6 Monaten vorgesehen ist. Das Schiedsgericht war der Ansicht, es sei aus dem Sinn des genannten Paragraphen nicht zu entnehmen, daß auch eine Frist für die Verjährung einer Klageerhebung geregelt sei, die nach dem der Kollisionsnorm der *lex fori* maßgeblichen Rechte zu bestimmen sei. Da nur festgestellt wurde, es sei sowietisches Recht anzuwenden, in dem eine dreijährige Verjährungsfrist vorgesehen ist, die im gegebenen Falle noch nicht abgelaufen war, hat das Schiedsgericht die Begründung des beklagten Unternehmens nicht anerkannt und seinen Schiedsspruch zu Gunsten des Klägers gefällt.[4]

Verjährungsfristen für Schuldforderungen sind in den allgemeinen Warenlieferungsbedingungen vom Jahre 1958 deshalb nicht erfaßt, weil die Ministerien für Außenhandel zum Erlaß solcher Vorschriften sogar im innerstaatlichen Bereich nicht zuständig sind. Deshalb können sie auch keine Vereinbarungen für den Außenhandel abschließen, die ihren Kompetenzkreis überschreiten.

Die allgemeinen Warenlieferungsbedingungen enthalten auch Bestimmungen über die Form und über den Zeitpunkt des Vertragsabschlusses, weshalb für diese Fragen die Parteiautonomie nicht in

[4] Lunc, *op. cit.*, S. 45.

Betracht kommt. Bemerkenswert ist die Regelung des Zeitpunkts des Vertragsabschlusses unter abwesenden Personen, die sich der Theorie der Vertragsannahme angeschlossen hat.[5] Es ist auch eine obligate Vertragsform vorgesehen, die bei Vertragsabschluß zu beachten ist. Willensmängel, Rechts- und Geschäftsfähigkeit der Vertragsparteien sind nicht geregelt. Es wird die Ansicht vertreten, diese Fragen seien im Sinne des Art. 74 nach dem Rechte des Verkäufers zu Regeln (Bistricky-Landa). Eine so extensive Deutung des Art. 74 überschreitet wohl den Anwendungsbereich der allgemeinen Warenlieferungsbedingungen. Willensmängel, Rechts- und Geschäftsfähigkeit, Verjährungen und andere Fragen sind ja durch zwingende Vorschriften geregelt und auf die müssen die Grundsätze des internationalen Privatrechtes angewendet werden. Es bestehen zahlreiche Schiedssprüche in der UDSSR, in denen Forderungsverjährung nach der Regel der *lex loci contractus,* die in der Praxis als primärer Anknüpfungspunkt angenommen wurde, geregelt sind.[6]

Im Sinne der Grundsätze des internationalen Privatrechts sollen auch Fälle geregelt werden, in denen der Parteiwille ausgedrückt ist, ebenso auch Fragen der Änderung der Vertragsumstände und der Änderung der Vorschriften der nationalen Rechtsordnungen. Art. 74 hat weiter nicht festgelegt, ob das Recht des Verkäufers im Zeitpunkt des Vertragsabschlusses oder im Zeitpunkt der Klageerhebung anzuwenden sei und auch nicht, ob das von den Parteien vereinbarte Recht im Zeitpunkt des Vertragsschlusses oder aber im Zeitpunkt der Verhandlung vor Gericht in Betracht kommt.

In den allgemeinen Warenlieferungsbedingungen ist der internationale *ordre public* überhaupt nicht erwähnt, obwohl er auf dem Gebiete des Vertragswesens im internationalen Privatrecht kaum auszu-

[5] Im Art. 1 Abs. 1 und 2 der allgemeinen Warenlieferungsbedingungen ist bestimmt, daß der Vertrag als abgeschlossen zu betrachten ist, wenn ihn beide Vertragsparteien unterzeichnet haben. Im Falle des Vertragsabschlusses unter abwesenden Personen ist der Vertrag in dem Zeitpunkte als abgeschlossen zu betrachten, in dem Besteller oder Anbieter Nachricht über die Annahme der Bestellung bzw. die Annahme des Angebotes ohne Vorbehalt und in den im Angebote enthaltenen Lieferungsmengen bekommen hat.

Sollte in der Bestellung oder im Angebot kein Termin bestimmt sein, dann ist eine Frist von 30 Tagen vom Tage der Absendung der Bestellung an bestimmt. Die Bestellung und das Angebot, die Bestätigung der Bestellung und die Angebotsannahme sind vollgültig, wenn sie in schriftlicher Form abgefasst sind. Ausreichend ist auch ein Fernschreiben oder ein Telegramm.

[6] Entscheidungen in diesem Sinne sind von der Moskauer Außenhandelsarbitrage gefällt worden. Zitiert nach Lunc, *op. cit.,* S. 39–54.

scheiden ist. Dies ist durch den zwingenden Charakter dieser Bedingungen zu begründen, in denen ja auch keine Bestimmungen erfaßt sind, die die gesellschaftliche Ordnung der Mitgliedstaaten verletzen könnten. Außerdem haben sich die Vertragsstaaten im Texte dieser Bedingungen verpflichtet, daß sie ihre innerstaatlichen Vorschriften den Bedingungen anpassen werden. Eine Anwendung des internationalen *ordre public* könnte nur für die Fälle in Betracht kommen, die den Rahmen dieser Bedingungen überschritten haben und in denen die allgemeinen Prinzipien des internationalen Privatrechts, also auch die der Parteiautonomie anzuwenden wären.

Der Sinn der in der Präambel enthaltenen Bestimmung, es sei eine Abweichung von der Anwendung der allgemeinen Warenlieferungsbedingungen im Wege der Parteiautonomie gestattet, wenn die Einzigartigkeit der Ware und die Besonderheit ihrer Lieferung dies erfordern, ist in der Lehre streitig. Wir haben schon gesehen, wer das Bestehen solcher Umstände zu beurteilen hat. Lunc ist der Ansicht, die Dispositionsbefugnisse der Parteien erschöpften sich in der Derogierung der Anwendung der allgemeinen Warenlieferungsbedingungen. Demnach könnten sie das anzuwendende Recht nicht vereinbaren, sondern es wäre aufgrund des Art. 74 das Recht des Landes des Verkäufers anzuwenden.[7] Zur Begründung seiner Ansicht zitiert er eine Entscheidung des Handelsgerichts der DDR im Streitfalle zwischen einem Außenhandelsunternehmen in der Tschechoslowakei und einem Außenhandelsunternehmen in der DDR. Das beklagte deutsche Unternehmen hat sich auf den Art. 52 der allgemeinen Warenlieferungsbedingungen aufgrund des zweiseitigen Vertrages zwischen der DDR und der CSSR berufen, der auf das Recht des Landes des Verkäufers verweist. Das klagende tschechoslowakische Unternehmen führte an, diese Bestimmung sei dispositiven Charakters wonach das Recht der CSSR anzuwenden wäre. Das Gericht hat den Klageantrag abgewiesen und in der Begründung seiner Entscheidung angeführt, es sei deutsches Recht anzuwenden, da Art. 74 der genannten Bedingungen einen objektiven Anknüpfungspunkt enthält und für den Parteiwillen

[7] Eine entgegengesetzte Ansicht hat Staleff in seinem: *Vaprosi na arbitraz i Mezdunarodnoe castnoe pravo v opscite ùslovia SEV* 1958 ausgedrückt, (Vnesnja tergovia, 1958 Nr. 4, S. 16–21) wo er meint, die Präambel anerkenne die Parteiautonomie und die Parteien können das anzuwendende Recht vereinbaren. Die Bestimmung des Art. 74 hätte dispositiven Charakter und sei nur in dem Falle anzuwenden, in dem die Parteien keinen widersprüchlichen Willen ausgedrückt haben.

keinen Anhaltspunkt gibt. Das Gericht hat damit die Ansicht von Lunc über den imperativen Charakter dieser Kollisionsnorm unterstrichen.

Die Lösung der genannten Frage müßte, nach unserer Meinung, von der Lösung einer Vorfrage abhängig sein, nämlich der, ob über eine Lieferung verhandelt wird, die nicht nach Art der Ware und Besonderheit ihrer Lieferung charakterisiert ist, oder über eine Lieferung nach Art. 2 Abs. 2 der genannten Präambel. Im ersten Falle ist die Anwendung des Art. 74 wegen des zwingenden Charakters der allgemeinen Warenlieferungsbedingungen gerechtfertigt, im zweiten Falle [8] ist jedoch die Lage komplizierter und wir wollen sie hier analysieren. Die Bestimmung des Art. 74 [9] ist vom Gericht richtig als zwingend angesehen worden, sie bezieht sich jedoch auf Fragen, die objektiv durch die allgemeinen Warenlieferungsbedingungen nicht vorgesehen sind. Deshalb besteht hier eine Lücke, die auszufüllen ist. Hier wird den Parteien ausnahmsweise das Recht zuerkannt, nach ihrem Ermessen von der Anwendung der allgemeinen Warenlieferungsbedingungen Abstand zu nehmen, also auch einzelne Bestimmungen auszuschließen. Diese Situation könnte man als eine Lücke im Vertrag ansehen, die andererseits jedoch durch die Bestimmungen des Artikels 74 ausgefüllt ist, wo das anzuwendende Recht bestimmt ist. Durch diesen Art. wird aber eine vollkommen objektivierte rechtliche Situation geregelt, da es keinen Parteiwillen gibt und auch keine Möglichkeit für eine Beurteilung des Gerichtes oder des Schiedsgerichtes besteht. Im zweiten Teil der Präambel besteht jedoch eine vorwiegend subjektive Komponente, wo neben dem Parteiwillen auch der Wille des Gerichtes oder Schiedsgerichtes erheblich ist, die endgültig bestimmen, ob eine Eigenartigkeit der Ware und eine Besonderheit ihrer Lieferung besteht, sowie auch, welche Bestimmungen die Vertragsparteien ausschließen können. Das praktische Ermessen des Gerichtes ist also im gegebenen Falle klar und verweist auf die Anwendung der nationalen Kollisionsnorm des Landes, in dem sich das Gericht befindet, und nach dem zu ermessen ist, ob die Parteiautonomie gestattet und was als primärer Anknüpfungspunkt zu erfassen ist.

[8] Der Fall ist bei Fellhauer, *Die allgemeinen Lieferungsbedingungen und die Parteiautonomie,* dargelegt (Außenhandel 1958 Nr. 20, S. 707–708).

[9] Der Art. 74 der allgemeinen Warenlieferungsbedingungen lautet: Auf Vertragsbeziehungen über Warenlieferungsbedingungen, die durch Vertrag oder durch die allgemeinen Bedingungen überhaupt oder nicht vollkommen geregelt sind, wird das materielle Recht des Landes des Verkäufers angewendet.

Die dargelegten Bestimmungen bringen in den Vertrag eine Unsicherheit, denn die Begriffe Eigenartigkeit und Besonderheit sind abstrakt und durch sie wird die alternative Anwendung des nationalen materiellen Rechts dem Ermessen des Gerichtes überlassen. Auch die Abbedingung einzelner Bestimmungen der allgemeinen Warenlieferungsbestimmungen durch die Vertragsparteien ist der Beurteilung des Gerichtes überlassen. Nach unserem Erachten kann die gegebene Situation auch zur Vertragsspaltung führen, da aber die Bestimmung über die Anwendung des Rechtes des Landes des Verkäufers auf den Vertrag eine größere rechtliche Sicherheit bringt, so sollte der Art. 74 durch zusätzliche Bestimmungen so präzisiert werden, daß er die dargelegten Fälle mit umfaßt.

Die prozeßrechtliche Parteiautonomie (Schiedsklausel) und die Vereinbarung über die anzuwendende Gerichtsbarkeit haben bei der Anwendung der allgemeinen Warenlieferungsbedingungen nicht die gleiche Bedeutung, wie die Fragen der Gesetzeskonflikte. Die Anwendung der Grundsätze der Qualifikation, der Rückverweisung und Verweisung und anderer sind im Prozeße minimal. Für sämtliche Streitigkeiten, die auf dem Gebiete des Warenverkehrs entstehen, ist die Zuständigkeit der Außenhandelsschiedsgerichte vorgesehen und die Gerichte sind verpflichtet, sich für unzuständig zu erklären, wenn ihnen ein Streit auf diesem Gebiet unterbreitet werden sollte. Nach den allgemeinen Bedingungen ist die Schiedsspruchklausel gestattet, sollte darüber keine Vereinbarung bestehen, so ist im Streitfalle die Außenhandelsarbitrage des Landes des Beklagten zuständig. Entscheidungen der Schiedsgerichte sind endgültig. Die Qualifikation der Schiedsklausel als prozeßrechtliche Institution ist möglich, wodurch die Ausschließung der Anwendung des Art. 74 der allgemeinen Bedingungen in Frage kommen würde. Die Vertragsparteien können jedoch über das Recht des Landes, in dem sich das Gericht befindet im vornhinein Bescheid bekommen, da sie ja wissen, wo der Streit geführt wird.

Die allgemeinen Warenlieferungsbedingungen enthalten auch keine Bestimmungen über Bedingungen zur Anerkennung und Vollstreckung ausländischer Schiedssprüche. Diese sind durch zweiseitige Staatsverträge, durch die Konvention über Rechts- und Amtshilfe und durch die Genfer Konvention vom Jahre 1927 geregelt.

Die Parteiautonomie im internationalen Kaufvertrage nach der Konvention für internationales Privatrecht der Benelux-Länder

Das Einheitsgesetz für internationales Privatrecht der Beneluxländer liegt, im Hinblick auf die Fragen, die wir hier betrachteten, auf der Linie der modernen nationalen Gesetze über internationales Privatrecht.[10] Seine Bestimmungen sind den Grundsätzen angepasst, die schon in den meisten Ländern auf dem Gebiet des internationalen Privatrechts anerkannt waren.

Die Parteiautonomie ist bei der Regelung von Gesetzeskonflikten anerkannt, jedoch ist ein gewisser Einfluß zu bemerken den das angelsächsische Recht in einzelnen Punkten, besonders bei der Einschränkung der Parteiautonomie ausgeübt hat.

Gefahrhaftungsfragen und das dazu vereinbarte Recht sind nicht geregelt. Nach Art. 16 ist auf sachenrechtliche Beziehungen die *lex rei sitae* anzuwenden und nach Art. 18 können die Vertragsparteien durch Vereinbarungen den Zeitpunkt und die Art der Lieferung bestimmen, woraus zu schließen ist, daß der Gefahrübergang von seiner Qualifikation nach der *lex fori* abhängig ist. Wenn die Gefahrhaftung an die Eigentumsübertragung angeknüpft wird, wird der Zeitpunkt des Gefahrübergangs aufgrund des Art. 16 nach der *lex rei sitae* zu beurteilen sein, wenn er aber an die Lieferung angeknüpft wird, so muß er nach Art. 18 nach der *lex voluntatis* beurteilt werden. Die Anerkennung der Qualifikation nach der *lex fori* muß gebilligt werden, da hier die erste Qualifikation in Frage steht.

In Verträgen unter Eheleuten ist im Einheitsgesetz die Parteiautonomie ausgeschlossen. Diese Verträge werden nach dem Heimatrecht des Mannes geregelt, nach dem auch das Ehegüterrecht bestimmt ist, einschließlich der Möglichkeit seiner Abbedingungen durch einen Ehevertrag.[11] Andere zwingende Regelungen bezüglich Objekt und Subjekt sind im Einheitsgesetz nicht enthalten und für sie gelten die diesbezüglichen Grundsätze des internationalen Privatrechts.

In Art. 17 ist den Vertragsparteien die Vereinbarung des anzuwendenden Rechtes gestattet, es ist aber nicht klar, ob dieser Art.[12] auch

[10] Die Konvention für das einheitliche Gesetz für internationales Privatrecht vom Jahre 1951 ist bis jetzt noch nicht in Kraft getreten, weil sie bislang nur von Luxenburg ratifiziert wurde.

[11] Art. 5 des einheitlichen Gesetzes.

[12] Der Art. 17 des einheitlichen Gesetzes lautet: Wenn ein Vertrag so eng an ein bestimmtes Land angeknüpft ist, daß man annehmen kann, es wäre in den Wirkungskreis des Rechtes dieses Landes hauptsächlich einzuschließen, so

die stillschweigende Parteiautonomie anerkennt (im ZG von Ägypten von 1948 ist z.B. präzisiert, was als stillschweigende Parteiautonomie anzusehen ist). Hier läßt sich jedoch die Ansicht vertreten, die stillschweigende Parteiautonomie sei nicht als subjektives Kriterium vorgesehen, und nur der ausdrückliche Parteiwille könnte als Prinzip zur Regelung von Gesetzeskonflikten in Betracht kommen. Das Einheitsgesetz hat sich nämlich dem objektiven Kriterium der „engen Beziehung" des Vertrages zu einem bestimmten Lande angeschlossen, sofern die Vertragsparteien nicht das Recht eines bestimmten Landes vereinbart haben. Als Tatsache zur Feststellung der „engen Beziehung" werden Umstände angeführt, die zur Feststellung des stillschweigenden Parteiwillens dienen.

Statusfragen, die im internationalen Kaufvertrage aufgeworfen werden, sind in der Regel nach dem Heimatrechte der Vertragsparteien zu beurteilen. Personen die nach dem Recht des Vertragsabschlußortes, bzw. des Enfüllungsortes geschäftsfähig sind, können sich nicht auf ihr Heimatgesetz berufen, nach dem sie geschäftsunfähig wären.[13]

Die Form des Kaufvertrages ist durch zwingende Normen geregelt. Neben kumulativer Anwendung des Rechts des Vertragsabschlußortes und des Heimatrechts der Vertragsparteien ist auch die Form des Vertrages zu beachten, die die Natur des Geschäfts erfordert.[14] Da nun die Natur des Geschäfts und demnach auch die zwingende Form das Gericht zu beurteilen hat, dem diese Fragen unterbreitet werden, entsteht das Problem der Qualifikation. Dies ist von einer rechtlichen Unsicherheit begleitet, da die Natur der Rechtsgeschäfte in verschiedenen Ländern auch verschieden beurteilt wird und auch verschiedene Wirkungen auslösen kann.

Vertragsabschluß und Vertragsbruch sind nach dem vereinbarten Rechte geregelt, dies aber nur in dem Fall, daß die Kollisionsnorm des Landes, mit dem der Vertrag in enger Beziehung ist, die Parteiautonomie als primären Anknüpfungspunkt anerkennt. Das Gericht, das über diese Fragen zu entscheiden hat, hat festzustellen, mit welchem Lande der Vertrag nach den Bestimmungen des allgemeinen Rechts in enger Beziehung steht, und ob die Parteien nach den Kollisionsnormen dieses Landes unmittelbar das materielle Recht eines bestimmten Landes vereinbaren können. Nach diesem Rechte hat es

wird er nach dem Gesetze dieses Landes geregelt, sofern die Parteien für den Vertrag als Ganzes oder teilweise kein anderes Gesetz vereinbart haben.

[13] Art. 2 des einheitlichen Gesetzes.

[14] Art. 23 des einheitlichen Gesetzes.

dann zu beurteilen, ob der Vertrag abgeschlossen wurde oder nicht. Durch diese Bestimmung hat das Einheitsgesetz zweifellos den materiell-rechtlichen Charakter der Parteiautonomie als Regelungsprinzip für Fragen über den Vertragsabschluß und über den Vertragsabbruch festgelegt. Fragen über Form und Nichtigkeit von Vereinbarungen über das anzuwendende Recht sind im Einheitsgesetz nicht durch besondere Bestimmungen geregelt und sie wären im Sinne der Grundsätze des internationalen Privatrechtes des Landes des Gerichtes zu regeln, das über den Fall zu entscheiden hat. Das Einheitsgesetz hat der Rechtswahl keine Beschränkungen auferlegt, mit anderen Worten, es hat die unbegrenzte Parteiautonomie anerkannt.[15] Die Vereinbarung der Vertragsparteien über das anzuwendende Recht wird durch die Konvention ohne Rücksicht auf die Beziehung des Vertrages zu dem vereinbarten Rechte anerkannt, dies aber nur für die Wirkungen des Vertrages. Was den Vertragsabschluß und den Vertragsbruch anbelangt, so ist nur die materiell-rechtliche Parteiautonomie anerkannt.

Der Umfang der Parteiautonomie wird durch den *ordre public* des Landes des Gerichtes bestimmt.[16] Bezüglich der Vertragserfüllung aber entscheiden die zwingenden Vorschriften des Landes, in dem die Erfüllung verlangt wird.[17] Das Einheitsgesetz enthält kein Kriterium zur Feststellung der Vorschriften, die den internationalen *ordre public* umfassen und es ist auch nicht vorgesehen ob durch die Parteiautonomie zwingende Vorschriften des Landes, in dem die Vertragserfüllung verlangt wird und die sich nur auf die Vertragserfüllung beziehen derogiert werden können. Diese Fragen sollte das Gericht lösen, dem der Streit unterbreitet wird und auf sie die Grundsätze seines internationalen Privatrechts anwenden.

Die Parteiautonomie hat im Einheitsgesetz einen kollisionsrechtlichen Charakter. Die Vertragsparteien können also direkt materielles Recht eines bestimmten Landes vereinbaren, mit Ausnahme der Fragen des Vertragsabschlusses und der Vertragsgültigkeit, die nach dem Prinzip des materiell-rechtlichen Charakters der Parteiautonomie geregelt werden.

Nach Art. 25 des genannten Gesetzes werden erworbene Vertragsrechte anerkannt, auch wenn sich nach Vertragsabschluß die Vertragsumstände geändert haben.

Die Parteiautonomie enthält im Einheitsgesetz alle die negativen

[15] Art. 29 des einheitlichen Gesetzes.

[16] Art. 26 *ibidem.*

[17] Art. 19 *ibidem.*

Eigenschaften, die wir schon im klassischen Kaufvertrage bemerken konnten und nach unserer Meinung wird es keine sichtlichen Erleichterungen des internationalen Warenverkehrs schaffen können. Diese Meinung kann auch durch die Tatsache begründet werden, daß das Einheitsgesetz bis heute noch nicht in Kraft getreten ist.

B. KONVENTIONEN BREITERER REGIONALER BEDEUTUNG

(1) Die Parteiautonomie in internationalen Kaufverträgen der Südamerikaländer

Der Codex Bustamente

In den südamerikanischen Ländern hat die nationale Gesetzgebung das Prinzip der Parteiautonomie in geringerem Ausmaße anerkannt als die in den übrigen Länden dieses Kontinents. Der Disposition der Vertragsparteien sind hier enge Grenzen gesetzt und auf dem Gebiete des Kaufvertrages werden sogar Gesetzeskonflikte durch zwingende Kollisionsnormen geregelt.

Zur Zeit der Ratifizierung der Konvention über den Codex Bustamente (1928) hatte sowohl die Lehre, als auch die Praxis in anderen Ländern kritisch zum Prinzip der Parteiautonomie zur Regelung von Gesetzeskonflikten Stellung genommen. Dies kam auf den Kongressen der International Law Association und auf den Tagungen für Internationales Privatrecht zum Ausdruck. Sachlichen und praktischen Gründen ist es zu verdanken, daß die Parteiautonomie in den Kollisionsnormen der nationalen Gesetzgebungen der südamerikanischen Staaten, sogar jener, die die Konvention nicht unterzeichnet haben, angenommen wurde, nachdem sie als Regelungsprinzip bereits in dem Codex Bustamente Eingang gefunden hatte und schon früher in den Konventionen über internationales Privatrecht in Montevideo (1889) und später (1940) anerkannt war. Zur genannten Zeit befanden sich diese Länder in einem wirtschaftlichen Aufschwung und sie betrieben einen regen Handel mit wirtschaftlich stärkeren Ländern (USA, Großbritannien u.a.). Die zwingende Regelung des Vertragswesens war das Ergebnis der Schutzbestrebungen der heimatlichen Vertragsparteien, da angenommen wurde, die Parteiautonomie könnte zur Aufbürdung von Recht ausgenützt werden, welches für den heimatlichen Kaufmann ungünstige Folgen haben könnte. Aus diesen Gründen ist es auch verständlich, daß im Codex Bustamente die Parteiautonomie zur

Regelung von Gesetzeskonflikten überhaupt nicht anerkannt wird, sondern objektive Kriterien als primäre Anknüpfungspunkte dienen.[18] In den Konventionen für internationales Privatrecht von Montevideo kann man keinen Anhaltspunkt für einen materiell-rechtlichen Charakter der Parteiautonomie finden, denn für Kaufverträge die zwischen Angehörigen der Mitgliedsstaaten abgeschlossen werden, wird das von den Vertragsparteien vereinbarte Recht nicht anerkannt. Die Kollisionsnormen dieser Länder sind durch die Bestimmungen der Konvention ersetzt.

Die Konventionen für internationales Privatrecht von Montevideo vom Jahre 1889 und 1940

In den Konventionen für internationales Privatrecht von Montevideo ist weder die kollisionsrechtliche noch die materiell-rechtliche Parteiautonomie für Kaufverträge zwischen Angehörigen der Mitgliedstaaten anerkannt, denn alle diese Staaten haben sich verpflichtet Kollisionsregeln anzuwenden, die sich aus den Vorschriften dieser Konvention ergeben. In Kaufverträgen die mit Vertragsparteien abgeschlossen werden, die nicht Mitgliedstaaten angehören kommt die Parteiautonomie zum Vorschein, ihr wird aber nur ein materiell-rechtlicher Charakter zuerkannt. Das vereinbarte Recht wird dann zur Anwendung kommen, wenn das Recht des Vertragsabschlußortes und des Erfüllungsortes die Parteiautonomie als Regelungsprinzip anerkennt.[19]

Hat zum Beispiel eine jugoslawische Firma einen Kaufvertrag mit einer peruanischen Firma abgeschlossen und ist für diesen Kaufvertrag für den Streitfall schweizerisches Recht vereinbart und liegt der

[18] Zur Regelung von Gesetzeskonflikten auf dem Gebiete der Schuldverträge ist zum Beispiel vorgesehen, daß als primärer Anknüpfungspunkt das Personalstatut beider Vertragsparteien kumulativ anzuwenden ist. Als subsidiärer Anknüpfungspunkt dient der Vertragsabschlußort (Art. 86). Die Konvention für das IPR von Montevideo hat weiter auch vorgesehen, daß Vertragsabschluß und Vertragsgültigkeit nach dem Personalstatut der Vertragsparteien zu beurteilen sind, als Korrektiv dieser Regel wird aber das Territorialstatut bestimmt (Art. 176, 177, 179, 181 und 183).

[19] Das Recht des Erfüllungsortes ist maßgeblich für die Regelung sämtlicher Fragen, die sich aus dem Schuldvertrag ergeben, (Konvention vom Jahre 1889, Art. 33 Abt. X), vgl. auch Art. 37 der Konvention vom Jahre 1940) Die Konvention vom Jahre 1940 hat von dieser Regel eine Ausnahme für die Form der Rechtsgeschäfte vorgesehen, für die sie als maßgebliches Recht das Recht des Vertragsabschluss-ortes vorgesehen hat (Art. 36, Abt. XI).

Erfüllungsort in Jugoslawien so wird das peruanische Gericht, vor dem Klage erhoben ist, die Vereinbarung über das anzuwendende Recht anerkennen, denn das jugoslawische Recht hat das Regelungsprinzip der Parteiautonomie anerkannt und auf dieses Recht verweist der Erfüllungsort.

(2) Die Parteiautonomie in internationalen Kaufverträgen in den europäischen Ländern

Die Anregung zur Regelung des Vertragswesens im allgemeinen und im besonderen der Parteiautonomie in Kaufverträgen durch das internationale Privatrecht hat in den europäischen Lädern ihren Ursprung in den nationalen Vereinigungen für internationales Privatrecht. Zu Beginn des 20. Jahrhunderts wurde das Institut für internationales Privatrecht und die Vereiniging für internationales Privatrecht gegründet, in denen Fragen der Vereinheitlichung der Bestimmungen für den internationalen Kaufvertrag und der internationalen Regelung einzelner Kollisionsvorschriften auf diesem Gebiete besprochen wurden. Auf allen nachfolgenden Tagungen wurden als Hauptfragen Rechte und Pflichten aus internationalen Kaufverträgen behandelt und der Einblick in die Arbeit dieser Körperschaften zeigt die Entwicklung der Ansichten über die Parteiautonomie.

Auf den ersten Kongressen und Sitzungen der genannten Körperschaften wurde das Prinzip der zwingenden Regelung der Gesetzeskonflikte zur Diskussion vorgelegt und es fand sich eine geringe Anzahl Teilnehmer, die das Parteiautonomieprinzip verteidigte.[20] Auf den weiteren Tagungen gewann der Parteiwille immer mehr an Bedeutung und vor der 6. Haager Konferenz war die Zahl der Anhänger einer dispositiven Regelung der Gesetzeskonflikte überwiegend.[21]

[20] Im Jahre 1908 hat eine besondere Kommission des Institutes für IPR einen Bericht für die Tagung in Florenz verfasst, in dem die Parteiautonomie und die Vertragsgültigkeit, das Wesen der Parteiautonomie und die Wirkung der zwingenden Vorschriften auf die Willensautonomie als Hauptfragen behandelt wurden. Nur ein Abgeordneter äußerte sich damals zu Gunsten des kollisionsrechtlichen Charakters der Parteiautonomie (Nolde). Bezüglich der Wirkungen der Parteiautonomie auf den Vertragsabschluss und die Vertragsgültigkeit, sowie auch auf die Möglichkeit einer Derogierung zwingender Vorschriften haben alle 8 Mitglieder der Kommission eine negative Meinung ausgedrückt.

[21] Im Jahre 1925, auf der Tagung des Institutes in Haag haben sich von 18 Teilnehmern vier Delegierte für das Prinzip der Willensautonomie geäußert

Wir wollen hier nicht behaupten, die Parteiautonomie sei schon damals für die Regelung der Gesetzeskonflikte anerkannt worden, denn auch auf der 6. Haager Konferenz und den nachfolgenden Tagungen für internationales Privatrecht herrschte noch immer eine große Meinungsverschiedenheit über die Grundfragen der Parteiautonomie (wie: Begrenzung der Rechtsgebiete, die von den Parteien vereinbart werden können; Möglichkeit einer Derogierung heimatlicher zwingender Vorschriften; Anwendung des vereinbarten Rechts auf Fragen der Gültigkeit der Verweisungsklausel und anderer). Es muß aber auch die Tatsache festgestellt werden, daß sich schon damals die Mehrheit der Abgeordneten auf diesen Tagungen für den kollisionsrechtlichen Charakter der Parteiautonomie als Prinzip zur Regelung von Gesetzeskonflikten geäußert hat. Auf den Haager Konferenzen und auf den Tagungen der Vereinigung für internationales Privatrecht, aber auch im Institut für die Vereinheitlichung des Privatrechts wurden große Bemühungen zur Lösung des Problems des internationalen Kaufes körperlicher beweglicher Sachen unternommen. Diese führten zur Fassung eines Gesetzesentwurfes über *„ventes à charactère international d'objets mobiliers corporels,"* der im Nachfolgenden betrachtet werden soll.

Die Konvention über das Gesetz für internationale Kaufverträge körperlicher beweglicher Sachen

Auf der 7. Haager Konferenz im Jahre 1951 wurde durch Abstimmung der Gesetzentwurf für den internationalen Kaufvertrag körperlicher beweglicher Sachen angenommen. Die Konvention darüber ist aber noch nicht in Kraft getreten, denn sie wurde noch nicht von der nötigen Anzahl von Staaten ratifiziert.[22]

Die Fassung dieser Konvention hält sich überwiegend im Rahmen des Entwurfes vom Jahre 1931, der nach den Beschlüssen der 6. Haager Konferenz von einem besonderen Komitee der niederländischen

(Anzilotti – Italien, Dumas – Frankreich, Bourrel – Schweiz und Tschacon Wei – China). Im Jahre 1928 fand eine Tagung der Vereinigung für internationales Privatrecht in Warschau statt, wo die überwiegende Meinung dahin ging, der Parteiautonomie sei ein kollisionsrechtlicher Charakter zuzuerkennen und auch, dass einige zwingende Vorschriften durch Parteiwillen derogiert werden könnten.

[22] Die Konvention wurde bis jetzt nur von Italien ratifiziert, Frankreich, Dänemark, die Schweiz, Norwegen und die Beneluxländer haben sie nur unterzeichnet.

Regierung ausgearbeitet wurde. Da grundsätzliche Meinungsverschiedenheiten über die Parteiautonomie nicht beseitigt werden konnten, sind in dem Entwurf nur Fragen geregelt, für welche eine Übereinstimmung erzielt werden konnte. Das Prinzip der Parteiautonomie hat keine nähere Konkretisierung durch bestimmende Elemente erfahren. Im Entwurf ist keine einzige Institution beseitigt, durch die rechtliche Unsicherheiten in den Vertrag eingeführt werden können. Die neuere Entwicklung des internationalen Kaufvertragswesens durch die Genfer und andere Musterverträge hat wohl dazu beigetragen, daß diese Konvention über einen Gesetzentwurf, der gegenüber den klassischen Kaufvertragsgrundsätzen auf internationalem Gebiete kaum einen Fortschritt bedeutet, als ungeeignet für die heutige Praxis immer noch keine Geltung erlangt hat.

(a) Der Umfang der Parteiautonomie nach dem Haager Entwurf vom Jahre 1951. Nach dem Haager Entwurf wird als Schuldstatut in erster Linie die von den Parteien vereinbarte Rechtsordnung anerkannt. (Art. 2 Abs. 1). Es wird also der kollisionsrechtliche Charakter der Parteiautonomie anerkannt. Die Parteien können unmittelbar eine Rechtsordnung vereinbaren.[23] Es wird sich immer um materielles innerstaatliches Recht des Landes handeln, das die Parteien vereinbaren, auch dann, wenn sie die direkte Verweisung auf materielles Recht unterlassen haben. Auf diese Weise wird die Möglichkeit von Rückverweisungen und Verweisungen vermieden. Dazu könnte es vorkommen, wenn der Parteiwille als Anwendung der Rechtsordnung eines Landes in Gänze gerichtet ausgelegt wird, daß die Kollisionsnormen des vereinbarten Rechtes auf die Rechtsordnung eines dritten Landes verweisen.

Vertragsabschluß und die Gültigkeit der Vereinbarung über die anzuwendende Rechtsordnung werden nach dem vereinbarten Rechte beurteilt. (Art. 2 Abs. 2). Die Frage des Abschlußes und der Gültigkeit des Hauptvertrages bezüglich des auf ihn anzuwendenden Rechtes ist nicht gelöst, denn durch die Bestimmungen der Konvention sind von ihrer Anwendung nur die fragliche Geschäftsfähigkeit der Vertragsparteien und die Form des Hauptvertrages ausgeschlossen (Art. 5 Abs. 1 und 2).[24]

[23] Die Auffassung über den kollisionsrechtlichen Charakter der Parteiautonomie herrschte schon im Entwurfe vom Jahre 1931 vor.

[24] Die Auffassung von Eisner, es sei das nach dem Art. 3 maßgebliche Recht auch für Fragen der Rechtsgültigkeit des Vertrages entscheidend, scheint mir nicht annehmbar zu sein.

Für den Entwurf vom Jahre 1931 wurde im Komitee die Übernahme der Bestimmungen der Genfer Konvention über Wechsel und Scheckfähigkeit und über Gesetzeskonflikte bei Wechsel und Scheckfragen vorgeschlagen. Dieser Vorschlag wurde mit der Begründung abgewiesen, die Fragen der Gegensätze zwischen Heimatrecht und Wohnsitzrecht durch einheitliche Kollisionsnorm zu lösen, seien für den internationalen Kauf noch nicht so akut, als sie für Wechsel- und Scheckfragen waren. Außerdem enthalte die Genfer Konvention über Scheck und Wechsel aber auch Mängel, die Rückverweisungen und Verweisungen ermöglichen.[25] Gesetzgebung und die Praxis haben jedoch von der Anwendung des Personalstatuts Abstand genommen und sie haben den Abschlußort nicht nur für Scheck und Wechsel sondern auch für andere Rechtsgeschäfte akzeptiert.[26] Professor Eisner meint, es wäre von großem Nutzen, wenn auch in den internationalen Handel eine solche Bestimmung Eingang finden würde.[27]

Die Fragen über die Vertragsform sind ebenfalls den Kollisionsnormen der *lex fori* überlassen, wie es schon im Entwurfe vom Jahre 1931 vorgesehen war. Dies geschah aus zwei Gründen: 1. weil große Meinungsverschiedenheiten bzw. Unterschiede über Beweismittel in verschiedenen Rechtsordnungen bestehen und 2. weil Gesetzeskonflikte in Bezug auf die Vertragsform selten sind.[28]

Hier soll angemerkt werden, daß wegen der Möglichkeit der Qualifikation Form- und Statusfragen stets von einer Ungewissheit begleitet sind. Es wäre für diese Fragen zu empfehlen, die *lex causae* zu akzeptieren, die diese Ungewissheit vermindern könnte. Bezüglich der Frage einer Änderung des vereinbarten Rechtes, die, wie schon gesagt, ebenfalls von der Qualifikation abhängig ist, hat sich die Mehrzahl der Delegierten der Meinung Niboyets angeschlossen. Nach dieser Meinung ist das Recht anzuwenden, das im Zeitpunkt des Vertragsabschlusses galt, nicht aber das Recht, das im Zeitpunkt der Streiteinleitung in Kraft ist. Ausnahmen sollen für Vorschriften rückwirkenden Charakters gemacht werden.

Nachträgliche Vereinbarungen über das anzuwendende Recht sind

[25] *Documents relatifs à la septième session,* S. 16.

[26] Zitiert nach Rabel.

[27] Wir haben schon in den vorhergehenden Betrachtungen begründet, Fragen der Geschäftsfähigkeit der Parteien seien nach der *lex causae* zu regeln. Nach unserer Ansicht sollte in die Konvention eine Bestimmung aufgenommen werden, nach der sich das vereinbarte Recht auch auf die Geschäftsfähigkeit der Parteien beziehen könnte.

[28] Dölle, *op. cit.,* S. 181f.

durch die Konvention nicht geregelt und sie wurden auf den Sitzungen auch nicht besprochen. Aus Gründen, die wir schon früher angeführt haben, sollten solche Vereinbarungen im Streitfalle anerkannt werden, sofern sie nicht Gesetzesumgehungen enthalten oder den *ordre public* verletzen.

In allen Besprechungen auf den Haager Konferenzen war eines der größten Sorgenkinder der Umfang der Parteiautonomie. Auf der 6. Haager Konferenz wurden drei Entwürfe zur Regelung der Beziehungen der Parteiautonomie zu den zwingenden Vorschriften verfasst und schon im Jahre 1931 ist man zu dem Schlusse gekommen, die Parteiautonomie sei einzig durch den *ordre public* zu begrenzen. Dies wäre die günstigste Lösung der Frage für den Welthandel. In den *ordre public* sollten dabei Vorschriften über Gesetzumgehung, Ein- und Ausfuhrverbote, Normen über Monopole, Drohung und Irrtum und auch andere Eingang finden.[29] Auf der 7. Haager Konferenz wurden Vorschläge für eine besondere Begrenzung der Normen des *ordre public* eingereicht, diese wurden aber verworfen, da man nur schwer alle Vorschriften des *ordre public* erfassen könnte. Es wurde der Praxis überlassen, aus den nationalen Rechtsordnungen allgemeine Rechtsgrundsätze zu schaffen, die den *ordre public* bilden könnten.[30]

Nach Art. 6 der Konvention kann die Anwendung fremden Rechts immer dann versagt werden, wenn der heimatliche *ordre public* verletzt ist, es ist also ohne Bedeutung wo der Streit eingeleitet wird und ob ein Land Beziehung zum Vertrage hat, denn das Gericht kann aufgrund der Konvention jedes Recht für nichtanwendbar erklären, das die heimatlichen Normen des *ordre public* verletzt und das Recht seines Landes anwenden. Eine so breite Anwendung des *ordre public* war durch diese Bestimmung wohl kaum gemeint, was auch aus dem Kommissionsbericht ersichtlich ist, der dem Entwurf vom Jahre 1931 zurgrunde liegt. Deshalb sollte die Fassung dieser Bestimmungen aus schon früher angeführten Gründen geändert werden.[31]

Im Art. 2 Abs. 1 ist bezüglich der Auswahl die begrenzte Parteiautonomie anerkannt, wozu wohl praktische Gründe geführt haben, denn durch die breite Auswahl verschiedener Rechtsordnungen kann dem Welthandel nur gedient sein. Begrenzungen durch Aufzählung, durch „irgend welche Beziehungen" oder *„raison legitime"* zwischen dem Vertrage und der vereinbarten Rechtsordnung könnten nur zu

[29] Dölle, *op. cit.*, S. 181f.
[30] Bestimmungen über den *ordre public* umfaßt der Art. 6 der Konvention.
[31] Siehe das Kapitel über den Umfang der Parteiautonomie.

Abwegen führen. Die Institutionen des *ordre public,* der Gesetzgebung und der Begrenzungen durch zwingende Rahmenvorschriften sind eine ausreichende Garantie zur Verhinderung eines Mißbrauchs der unbegrenzten Parteiautonomie. Bei den Besprechungen in Haag kam man zum Schluße, die Institution des *ordre public* sei schon allein genügend, um Mißbräuche zu verhindern.[32]

Die Parteien können für einzelne Teile des Vertrages keine besondere Rechtsordnung vereinbaren. Sie können auch nicht durch besondere Klauseln die zwingenden Vorschriften der vereinbarten Rechtsordnung ausschließen. Auch hier wird die Einheitlichkeit der Anknüpfung geschützt, denn Rechte und Pflichten der Vertragsparteien werden alle nach einer einzigen Rechtsordnung beurteilt. Das Ziel der einheitlichen Anwendung einer Rechtsordnung, die hier zum Zuge kommt, ist die Verhinderung von Umgehungen zwingender Vorschriften des vereinbarten Rechts.[33] Trotz des Angeführten muß aber festgestellt werden, daß von der einheitlichen Rechtsanwendung eine Ausnahme zu machen ist. Auf Form und Fristen für die Untersuchung der aufgrund des Vertrages gelieferten körperlichen beweglichen Sachen, auf Mitteilungen bezüglich der Untersuchung und auf Maßnahmen, die im Falle einer Nichtannahme der gelieferten Sachen vorgenommen werden können, wird im Falle, daß im Kaufvertrag keine ausdrückliche abweichende Bestimmung darüber getroffen wurde, die Rechtsordnung des Landes zur Anwendung kommen, in dem die Untersuchung vorzunehmen ist. (Art. 4). Auch diese Bestimmung beruht auf praktischen Gründen. Es ist oft schwer, manchmal auch unmöglich, die *lex contractus* auf das Verfahren der Warenuntersuchung und auf die diesbezüglichen Formalitäten anzuwenden, die fast immer den Eingriff staatlicher und anderer öffentlicher Stellen erfordern kann. Diesen ist aber das Recht des Warenursprunglandes überhaupt nicht bekannt oder es wird diese Intervention durch andere Erfordernisse bedingt als die der *lex contractus.*

Die Konvention hat die Regel *locus regit actum* für den Ort festgelegt, „in dem nach dem Vertrage die Warenkontrolle vorzunehmen ist." Sollte die Warenkontrolle wegen außerordentlicher Umstände in einem anderen Orte erfolgen, der im Vertrage nicht vorgesehen war, wird auf das Kontrollverfahren und seine Formalitäten dennoch die im Vertrage vereinbarte Rechtsordnung angewendet. Durch diese Bestimmung soll eine eigensinnige, dem Vertrag und den Interessen

[32] Actes de la septième session, S. 32–39, 361.
[33] Documents, S. 23.

des Käufers widersprechende Kontrollortauswahl des Verkäufers, durch die er einen größeren Nutzen erlangen könnte verhindert werden. Die rechtlichen Interessen beider Parteien werden so besser geschützt. Einsprüche, es seien die auf der 7. Haager Konferenz gestellten Fragen der Warenkontrolle in Orten, die durch den Vertrag nicht vorgesehen sind, ungeregelt geblieben, wären demnach nicht begründet.[34]

(b) Arten der Parteiautonomie im Konventionsentwurfe. Die Vereinbarung über die anzuwendende Rechtsordnung muss ausdrücklich sein, oder sie muß sich unzweideutig aus dem Vertrage ergeben (Art. 2 Abs. 1). Ausreichend ist, wenn aus den Vertragsbestimmungen ersichtlich ist, daß sich die Parteien der Frage des anzuwendenden Rechtes bewußt waren und sie darüber eine Vereinbarung getroffen haben. (Es wäre also genügend für die Anknüpfung, wenn die Parteien ihren Vertrag in englischer Sprache verfaßt haben und sich im Vertrage Klauseln befinden, die Entscheidungen nach englischem Rechte wiedergeben, woraus auf den Vertrag englisches Recht anzuwenden sein wird). Der Parteiwille kann nicht aufgrund äußerer Umstände, z.B. einiger im Voraus bestimmter Voraussetzungen festgestellt werden. Rechtsanwendung aufgrund eines hypothetischen Parteiwillens ist nicht gestattet, denn dadurch wird eine rechtliche Unsicherheit verursacht, wie dies im Bericht der Entwurfskommission vom Jahre 1931 betont wurde.[35]

Ist im Vertrage keine ausdrückliche oder stillschweigende Vereinbarung über die anzuwendende Rechtsordnung enthalten und hat der Verkäufer die Bestellungen in seinem Wohnsitze angenommen, wird materielles Recht des Landes zur Anwendung kommen, in dem der Verkäufer im Zeitpunkt der Bestellung seinen gewohnheitsmäßigen Aufenthaltsort hat. Hat eine Geschäftsniederlassung des Verkäufers die Bestellung angenommen, dann wird auf den Vertrag die Rechtsordnung des Landes angewendet, in dem sich die Niederlassung befindet. Hat aber der Verkäufer, sein Vertreter oder sein Handelsreisender die Bestellung im Lande des gewohnheitsmäßigen Aufenthaltsortes des Käufers angenommen, oder ist dies in dem Orte geschehen, in dem sich das Geschäft des Käufers befindet, so wird auf den Kaufvertrag materielles Recht dieses Landes zur Anwendung kommen. Für Kaufverträge, in denen Bestellungen außerhalb der genannten Orte angenommen wurden (z.B. in einem dritten Lande), wird die Rechtsordnung des gewohnheitsmäßigen Aufenthaltsortes des Verkäufers an-

[34] Actes, S. 52–55.
[35] Documents, S. 24 und Kommissionsbericht.

gewendet. Auf Börsenkaufverträge oder auf Kaufverträge bei öffentlichen Versteigerungen wird das Recht des Börsensitzes, bzw. das Recht des Ortes angewendet, in dem die Versteigerung vorgenommen wurde. (Art. 3 Abs. 3)

Für die Praxis könnte noch eine Frage aufgeworfen werden, die durch Kollisionsnormen schwer zu lösen wäre. Wie schon betont wurde, können die Parteien einzelne Normen des vereinbarten Rechtes nicht durch Normen einer anderen Rechtsordnung ersetzen. Dennoch besteht aber eine Möglichkeit zur Derogierung zwingender Vorschriften, auf die nach der Konvention subsidiäre Anknüpfungspunkte aus den Vertragsklauseln verweisen könnten, sofern die Parteien nicht direkt oder stillschweigend ihren Willen bezüglich des anzuwendenden Rechtes zum Ausdruck gebracht haben. Solche Fälle können nur als Einzelausnahmen beurteilt werden. Auf sie wird eine einheitliche Rechtsordnung zur Anwendung kommen, wobei darauf zu achten sein wird, Anhaltspunkte für eine solche Lösung durch Auslegung einzelner Vertragsklauseln und durch Ermittlung eines stillschweigenden Parteiwillens zu begründen.

NEUNTES KAPITEL

DIE PARTEIAUTONOMIE UND ENTWÜRFE INTERNATIONALER VERTRÄGE

DIE PARTEIAUTONOMIE IM EINHEITSGESETZ FÜR KAUFVERTRÄGE KÖRPERLICHER BEWEGLICHER SACHEN[1]

Das Einheitsgesetz hat dispositiven Charakter. Dadurch unterscheidet es sich von den allgemeinen Warenlieferungsbedingungen der SEV. Die Vertragsparteien können die Anwendung der Bestimmungen des Einheitsgesetzes insgesamt oder auch teilweise aufschließen, jedoch unter der Bedingung einer ausdrücklichen oder stillschweigenden Vereinbarung über die auf den Vertrag anzuwendende Rechtsordnung (Art. 6 Abs. 1).[2] Die Bestimmungen des Einheitsgesetzes sollen an die Stelle der nationalen dispositiven Vorschriften treten (Art. 1). Die Parteien können sie nach dem Grundsatz der Parteiautonomie, ebenso wie die nationalen dispositiven Normen, derogieren. Wenn die nationalen Kollisionsnormen des vereinbarten Rechtes die Parteiautonomie als primären Anknüpfungspunkt nicht anerkennen, oder wenn die Vereinbarung über das anzuwendende Recht eines bestimmten Landes aus in ihr vorgesehenen Gründen nichtig ist, dann werden die Fragen über das auf den Vertrag anzuwendende Recht nach den subsidiären Anknüpfungspunkten geregelt, die in der Konvention enthalten sind. Es wird angenommen, daß der Parteiwille im Vertrage keinen Ausdruck gefunden hat und die Folgen einer Verletzung zwingender Vorschriften des vereinbarten Rechts und Fragen des Vertragsabschlußes und der Vertragsgültigkeit, sowohl des Hauptvertrages als auch der Vereinbarung über die anzuwendende Rechtsordnung, nach den allgemeinen Grundsätzen des internationalen Privatrechtes des Landes

[1] Der endgültige Text dieses Gesetzes wurde dem 2. Entwurf der 7. Haager Konferenz entnommen und hat seine Fassung nach der Bearbeitung einer Revisionskommission im Jahre 1956 erhalten.

[2] Diese Bestimmung spricht sich, im Einklang mit dem Art. 2 der Konvention, auf welchen sie verweist, für ein Kollisionsgesetz aus.

des entscheidenden Gerichtes beurteilt werden.[3] Wenn das Gericht oder das Schiedsgericht das Nichtbestehen einer Vereinbarung über das anzuwendende Recht, oder die Unzulässigkeit oder die Nichtigkeit dieser Vereinbarung feststellen, wird, da die Klausel über das anzuwendende Recht kein Grunderfordernis des Vertrages ist, unter der Voraussetzung einer vollen Gültigkeit des Hauptvertrages, das Einheitsgesetz mit seinen Bestimmungen zur Anwendung kommen. Es wird angenommen, daß die Parteien keinen anderen Willen zum Ausdruck brachten. In diesem Falle könnte man die Ansicht vertreten, es wäre Recht nach den subsidiären Anknüpfungspunkten anzuwenden, das die Kollisionsnormen der *lex fori* bestimmen, denn grundsätzlich besteht ja die Absicht der Parteien, die Konvention nicht angewendet zu sehen, dies aber kann man ja nicht verbieten. Dieser Fall wäre von praktischer Bedeutung nur dann, wenn aufgrund subsidiärer Anknüpfungspunkte, die die Kollisionsnormen des Landes des entscheidenden Gerichtes vorgesehen haben, die Rechtsordnung eines Landes anzuwenden wäre, das nicht die Konvention über das Einheitsgesetz unter-

[3] Katicic kommt unter Hinweis auf Art. 12, der sich auf Vertragsabschluß und auf Vertragsgültigkeit bezieht, zum gleichen Schluss. Er zitiert den Kommissionsbericht, nach dem das einheitliche Gesetz „nur auf einen Vertrag angewendet werden kann, der ordnungsgemäß im Sinne des allgemeinen Rechts, sei dies innerstaatliches Recht bei der Partei oder internationales Privatrecht, zustande gekommen ist." Weiter zitiert er die Feststellung der Kommission, daß der Konflikt des Parteiwillens mit den zwingenden Vorschriften des nationalen Rechtes in keinem Falle dem einheitlichen Gesetz unterstellt werden kann, da es sich um Fragen des Vertragsabschlusses und der Vertragsgültigkeit (aber auch Fragen über die Rechtswirkungen von Gebräuchen, auf die sich die Parteien beziehen) handelt. Die Bestimmungen dieses Art. sind mit Art. 2 der Konvention über das Kollisionsgesetz in Übereinstimmung gebracht worden, auf das sie verweisen. Weitere Begründungen über die Meinung: „Die Anwendung des einheitlichen Gesetzes nach Art. 6 Abs. 1 sei ausgeschlossen, wenn die Vereinbarung über das anzuwendende andere Recht nach den Bestimmungen des maßgeblichen nationalen Gesetzes gültig ist," sieht er in Art. 12, der hier zitiert wird: „Elle ne concerne notamment pas la formation du contrat, ni les effets de celui-ci sur la propriété de la chose vendue, ni sa validité ou celle des clauses qu'il renferme, non plus celle des usages." Der Ausdruck „Dieses Gesetz" (présente loi) kann auf verschiedene Weise gedeutet werden. Entweder sind nur einheitliche materielle Bestimmungen (in diesem Fall würde Verbindung des Art. 12 mit Art. 6, Abs. 1 grundsätzlich nicht in Betracht kommen) oder auch sämtliche, die einleitenden wie die materiellen Bestimmungen gemeint. Näher siehe darüber im Referate auf den Besprechungen über Probleme des IPR, im Institut für vergleichendes Recht in Belgrad: Entwurf eines einheitlichen Gesetzes für den Kaufvertrag körperlicher beweglicher Sachen, gelesen von Katicic, S. 2–4.

zeichnet hat. Denn wenn diese Anknüpfungspunkte auf die Rechtsordnung eines Konventionsmitgliedstaates verweisen, wird eben das Einheitsgesetz anzuwenden sein, da es ja in diesem Staate an die Stelle der dispositiven Norm tritt, die Rechte und Pflichten der Vertragsparteien in Kaufverträgen regelt.[4]

Das Einheitsgesetz regelt den Umfang der Parteiautonomie und ihren Charakter. Es hat die Rechtsgebiete festgelegt, in denen die Parteiautonomie ausgeschlossen ist.

Die vereinbarte Rechtsordnung kommt im Einheitsgesetz als einheitliches Statut für die Wirkungen des Vertrages zur Anwendung. Die Vertragsparteien können durch besondere Bestimmung im Vertrage, oder durch teilweise Vereinbarung einer anderen Rechtsordnung die nichtzwingende Bestimmungen desselben ausschließen. Im Rahmen der Vertragsfreiheit können nur dispositive Normen der vereinbarten Rechtsordnung geändert werden, was ja auch im Zivil- und Handelsrecht gestattet ist.

Nach den Einführungsbestimmungen können die Vertragsparteien teilweise von den Bestimmungen des Einheitsgesetzes unter der Bedingung Abstand nehmen, daß sie eine Einigung über die Anwendung der Bestimmungen einer nationalen Rechtsordnung erzielt haben. Es wird angenommen, diese Einigung sei erzielt, wenn die Vertragsparteien die betreffenden Bestimmungen im Vertrage erfaßt haben, oder wenn sie im Vertrage, der von den Bestimmungen des Einheitsgesetzes abweicht, klar auf die Regeln, die sie zur Anwendung bringen wollten, verwiesen haben. (Art. 6 Abs. 1)

Die Entwurfskommission hat wiederholt mit Bezug auf den Art. 6 den dispositiven Charakter des Einheitsgesetzes betont. Das Recht der Vertragsparteien auf teilweise Derogierung einzelner Bestimmungen im Rahmen der Vertragsfreiheit kann aber nur dahin gedeutet wer-

[4] Der erste Entwurf der Konvention über ein einheitliches Gesetz für Kaufverträge körperlicher beweglicher Sachen wurde schon im Jahre 1936 verfaßt und zwar im Rahmen des Instituts für die Vereinheitlichung des Privatrechtes, in Rom. Dieser Entwurf wurde nach den Bemerkungen der Regierungen der interessierten Staaten neu gefaßt und im Jahre 1939 als zweiter Entwurf zusammengefaßt, der dann auf der 7. Haager Konferenz zur Besprechung kam. Da über den endgültigen Text keine Übereinstimmung erzielt werden konnte, wurde eine Revisionskommission zusammengesetzt, die dem Entwurf im Jahre 1956 die endgültige Fassung gab, die wahrscheinlich einer der folgenden Haager Tagungen vorgelegt werden wird.

den, daß die Parteien diese Vertragsfreiheit nicht mißbrauchen dürfen.[5]

Gesetzesumgehungen und Verletzungen des *ordre public* sind an die allgemeinen Ziele einer Rechtsordnung gebunden, sie verstoßen gegen bestimmte zwingende Normen und bestimmte Grundprinzipien des gesellschaftlichen, politischen und wirtschaftlichen Lebens. Als solche dürfen sie keinen Eingang in das internationale Recht finden. Obwohl auf der Haager Konferenz Vorschläge unterbreitet wurden, zu prüfen, ob einzelne Bestimmungen des Einheitsgesetzes zwingenden Charakter hätten, war die Entwurfskommission der Ansicht, daß keiner einzigen Bestimmung dieses Gesetzes ein zwingender Charakter zuzuerkennen sei, denn es sei offensichtlich, daß die Vertragsparteien keine gültigen Regeln vereinbaren können, die unvereinbar mit den Bestimmungen der vereinbarten Rechtsordnung wären. Nach Meinung der Kommission soll es dem Gericht überlassen sein, nach seinen nationalen Gesetzen die Gewissenhaftigkeit der Parteien zu beurteilen um das Bestehen von Gesetzesumgehungen festzustellen. Die nationale Gesetzgebung kann in diesem Sinne den Vertragsparteien einen genügenden Schutz bieten.[6]

In der dargelegten Stellungnahme der Entwurfkommission werden wohl Widersprüche zu finden sein. Die Vertragsparteien können ja tatsächlich durch einzelne Bestimmungen im Vertrage nicht die Einheitlichkeit der Grundsätze und einzelner zwingender Vorschriften des Vertragsstatutes stören. Wenn diese aber verletzt werden, kommen die Vorschriften über Gesetzesumgehungen und den *ordre public* zur Anwendung, welche bei einer Ausschaltung dispositiver Vorschriften gar nicht in Betracht kommen. Eine gewissenlose Anwendung oder eine teilweise Ausschaltung dispositiver Bestimmungen der Konvention kann man sich schwer vorstellen, noch schwerer eine Ausschaltung des *ordre public* der Konvention, da ja ihre Bestimmungen einen dispositiven Charakter haben. Durch Spaltung dispositiver Vorschriften, die auf den Vertrag anzuwenden sind, können sich absurde Situationen bilden, in denen Rechte und Pflichten der Parteien ganz sinnlos werden können. Dies kann auch durch Spaltung einzelner Bestimmungen der Konvention geschehen. Solche Fragen wären nach den allgemeinen Auslegungsprinzipien zu lösen.[7] Eine kategorische Stellungnahme kann man in diesen Fragen nicht einnehmen, da über die Natur ein-

[5] *Berichte der Entwurfskommission,* S. 30.
[6] Acte final VIII, S. 276.
[7] Im Beispiele von Katicic (*op. cit.,* S. 4) kann man einen einzigartigen Ge-

zelner Bestimmungen der Konvention eine große Meinungsverschiedenheit herrscht. Sogar im Falle einer prinzipiellen Anerkennung eines zwingenden Charakters einzelner sachlicher Bestimmungen der Konvention und einer Anerkennung zwingender Grundsätze der Konvention selbst, kann die Möglichkeit einer Gesetzesumgehung und einer Verletzung ihres *ordre public* bestehen. Schwer wird sich auch die Meinung behaupten können, daß die dispositiven Vorschriften der Konvention einen abstrakten *ordre public* schaffen und ihre Umgehung möglich ist, da sie als Ergänzung des Parteiwillens angewendet werden.

Die Bestimmung des Art. 6 Abs. 2 mit ihrer Bezugnahme auf die Vereinbarung über die anzuwendende Rechtsordnung (Art. 6 Abs. 1) hat ihren *raison d'être* im Hinblick auf die Vertragsfreiheit.

Sollte der Standpunkt eingenommen werden, die Konvention enthalte zwingende Vorschriften bzw. einen *ordre public,* könnte das Gericht zum Schluß kommen, daß die Parteien durch die Vereinbarung über die Anwendung einer, oder mehrer nationaler Rechtsordnungen die zwingenden Vorschriften oder den *ordre public* der Konvention verletzt haben.[8] Im Falle einer Nichtanerkennung des *ordre public* der Konvention und auch einer Nichtanerkennung einzelner zwingender Vorschriften könnte die Vertragsfreiheit nach Art. 6 Abs. 2 nur im Rahmen der vereinbarten Rechtsordnung beurteilt werden. Diese Fragen den Gerichten oder Schiedsgerichten, die über den Vertrag zu entscheiden haben, zu überlassen, kann nur zu einer Rechtsunsicherheit führen.

Das Einheitsgesetz kommt auch in dem Fall zur Anwendung, wenn die Vertragsparteien ihren Wohnsitz oder ihren gewohnheitsmäßigen Aufenthaltsort auf dem Gebiete verschiedener Staaten haben, die die Konvention nicht ratifiziert haben, vorausgesetzt, daß dieses Gesetz ausdrücklich als „Vertragsgesetz" vereinbart ist (Art. 7).[9]

gensatz der Vertragsbestimmungen sehen. Sollten die Bestimmungen des Kapitels drei und vier der Konvention ausgeschieden werden und Kapitel eins und zwei in Kraft bleiben, die die Möglichkeit der Anwendung der Kapitel drei und vier regeln, dann ist nicht ersichtlich, was die Parteien verletzen könnten und welchen Nutzen sie davon hätten.

[8] In der französischen Gerichtspraxis kann man Entscheidungen finden, in denen Konventionen, die ratifiziert wurden und damit zum Bestandteil des heimatlichen Rechtes geworden sind, ein eigener *ordre public* zuerkannt wird („Uporedno pomorsko pravo i ugovori o kupoprodaji", *Casopis Jadranskog Instituta* Nr. 1 – 1958, S. 39).

[9] Katicic hat mit Recht die Frage gestellt, ob die Fassung „Vertragsrecht", die dogmatisch klar ist, die Rechtspraxis zu einem Irrtum verleiten könnte.

Es wurde schon betont, daß die Vertragsparteien die Bestimmungen des Einheitsgesetzes unter den Voraussetzungen einer Vereinbarung über die Anwendung eines nationalen Rechtes ausschließen können (Art. 6 Abs. 1). Durch diese Bestimmung soll die Ungewissheit vermindert werden, die auf diesem Gebiete verschiedene Kriterien der nationalen Kollisionsnormen verursachen können. Sollten nämlich die Vertragsparteien die Anwendung des Einheitsgesetzes ausschließen und keine andere maßgebliche Rechtsordnung vereinbaren, außerdem aber auch kein Gericht bestimmen, kann durch die Anwendung der Institutionen der Qualifikation, der Rückverweisung und Verweisung, des *ordre public* und anderer ein völliges rechtliches Durcheinander entstehen. Es wäre die diesbezügliche Bestimmung mit einem Zusatz zu fassen, daß die Parteien zu einer Vereinbarung über die Zuständigkeit des Gerichtes oder des Schiedsgerichtes eines bestimmten Landes verpflichtet sind.[10] Dadurch würde die Möglichkeit der Anwendung der Institutionen des internationalen Privatrechtes verringert. Durch die genannte Bestimmung des Art. 6 Abs. 1 soll in das internationale Vertragswesen auch eine gewisse Disziplin eingeführt werden, denn im heutigen regen Handel sind immer Möglichkeiten von Versehen und Unterlassungen der Vertragsparteien gegeben, die zu Nutzen oder zu Schaden führen können.

Sollten irgendwelche Fragen durch die Konvention nicht geregelt sein, oder sind über sie keine Bestimmungen im Vertrag enthalten und haben die Vertragsparteien für sie nicht das maßgebende Recht bestimmt, dann wird das Gericht auf diese Lücke das materielle Recht anwenden, auf das seine Kollisionsnormen verweisen, da solche Fragen den Rahmen der Vertragsauslegung überschritten haben. Deshalb kann Art. 1 *in fine* nicht angewandet werden.

[10] Katicic vertritt die gegensätzliche Meinung und er sagt, zur Derogierung der Bestimmungen des einheitlichen Gesetzes können keine Bedingungen gestellt werden, denn solche Bedingungen stünden im Widerspruch zum Prinzip des Haager Kollisionsgesetzes. Zur Begründung hat er auch die jugoslawischen Usanzen (Usance II) angeführt, nach denen ihre Anwendung ohne irgendwelche Bedingungen ausgeschlossen werden kann.

SCHLUSSWORT

In unseren Betrachtungen unternahmen wir den Versuch, durch das Prisma der geschichtlichen und strukturellen Entwicklung die Wirkung des Parteiwillens auf den internationalen Kaufvertrag näher zu beleuchten. Daraus können wir nun einige allgemeine Merkmale feststellen, die die Parteiautonomie in der heutigen Gesetzgebung, wie auch in der Lehre und Praxis gefunden hat.

Ebenso wie die Willensübereinstimmung als Tatsache unter bestimmten Voraussetzungen durch Normen des Zivilrechts rechtliche Wirkungen schafft, werden durch die Parteiautonomie im internationalen Privatrecht auf dem Gebiet eines oder mehrerer Länder die gleichen Wirkungen erzielt. Mit anderen Worten gesagt, weder die Vertragsfreiheit des Zivilrechtes, noch die Parteiautonomie des internationalen Privatrechtes können als selbständige Rechtsquellen in Betracht kommen. Man muß sie vielmehr als Tatsachen behandeln, an welche sich, unter bestimmten Voraussetzungen, die durch die Normen des Zivilrechts oder des internationalen Privatrechts festgelegt sind, rechtliche Wirkungen anknüpfen. Materiell-rechtliche Bestimmungen eines Vertrages stellen direkte und konkrete Verpflichtungen der Parteien fest und durch sie kommt die Vertragsfreiheit zum Vorschein. Durch die Parteiautonomie wird die Anwendung eines bestimmten nationalen Gesetzes auf den Vertrag in der Gänze festgestellt. In der Regel schließt die Parteiautonomie alle übrigen durch Kollisionsnormen vorgesehene Anknüpfungspunkte aus, mit Ausnahme jener, die einen materiell-rechtlichen Charakter haben. Das Gericht, dem ein Streit vorgelegt wird und das über den Vertrag zu entscheiden hat, entscheidet nach seinen eigenen Normen des internationalen Privatrechtes endgültig, welche Normen fremder Gesetzgebungen in gegebenem Falle durch die Parteiautonomie ausgeschlossen werden können.

Haben die Vertragsparteien eine bestimmte Rechtsordnung vereinbart, dann werden sie durch sämtliche Vorschriften dieser Rechtsordnung verpflichtet.

Durch die Anwendung eines vereinbarten Rechts auf den Vertrag dürfen nicht der heimatliche *ordre public,* zwingende Vorschriften über Rechte der Ausländer, zwingende Kollisionsnormen, zwingende Rahmenvorschriften und Vorschriften über Gesetzesumgehungen verletzt sein. Im Rahmen seiner Zuständigkeit hat das Gericht über diese Fragen zu entscheiden. Im Verfahren zur Anerkennung und Vollstreckung ausländischer Urteile hat das Gericht zu beachten, ob durch die Parteiautonomie nicht der *ordre public* bzw. die zwingenden Rahmenvorschriften des Landes, in dem die Vollstreckung erfolgen soll verletzt sind, insofern diese Rahmenvorschriften nicht schon vom *ordre public* umfaßt sind.

Für die Vertragsparteien ist die Parteiautonomie ein subjektives Recht, durch das zur Feststellung beiderseitiger Rechte und Pflichten aus einem Vertrage fremdes Recht, sowie auch die Zuständigkeit eines ausländischen Gerichtes oder Schiedsgerichtes vereinbart werden kann.

Die Vereinbarung über die Anwendung fremden Rechtes auf einen Vertrag ist an und für sich noch nicht genügend, um auf ihn auch Grundsätze des internationalen Privatrechts anwenden zu können. Denn es müssen außerdem im Vertrage auch Tatsachen vorhanden sein, durch die in ihm, unabhängig vom Parteiwillen, ein fremdes Element entsteht.

Die Gesetzgebung und die Praxis der meisten Länder haben die Parteiautonomie in den obigen Grenzen anerkannt. Soll nun diese Anerkennung ihre volle Wirkung entfalten, muß Klarheit darüber herrschen, wo und wie der Parteiwille durch das Gericht oder Schiedsgericht zur Beurteilung kommen wird. Ohne Zweifel ist eine Vereinbarung über das anzuwendende Recht im Vertrage für ihn entscheidend, soll jedoch eine größere Rechtssicherheit erzielt werden, dann müssen die Vertragsparteien auch die Zuständigkeit des Gerichtes oder des Schiedsgerichtes vereinbaren.

Die Vereinbarung über die Gerichtsbarkeit hat eine engere Reichweite, als die Vereinbarung über die anzuwendende Rechtsordnung. Heimatliche Staatsbürger können unter sich ebenfalls für ihren Vertrag die Zuständigkeit eines fremden Gerichtes vereinbaren, dies sogar dann, wenn im Vertrage ein fremdes Element, unabhängig von einem im Vertrage ausgedrückten Parteiwillen besteht.[1] In einigen

[1] In der französischen Gerichtspraxis war bis zum 20. Jahrhundert aufgrund

Ländern erklären sich jedoch die Gerichte für unzuständig, wenn beide Parteien ausländische Staatsangehörigkeit besitzen.[2]

Trotz der Anerkennung des Parteiwillens muß den Parteien in diesen Fällen jedoch immer auch die Möglichkeit vor Augen gehalten werden, daß die Entscheidung durch ein Gericht ergehen könnte dessen Rechtsordnung sie nicht in ihren Willen aufgenommen haben.

Das Gericht eines Landes, in dem ein Urteil zur Anerkennung und Vollstreckung kommen soll und in dem das Revisionssystem dem Grunde nach anerkannt ist, kann sämtliche Institutionen des internationalen Privatrechts anwenden, die Vertragsunsicherheit zur Folge haben. Durch diese könnte es zu einer grundsätzlichen Änderung der ursprünglichen Entscheidung kommen.

Durch eine Präzisierung des *ordre public* könnte im zwischenstaatlichen Rechtsverkehr jedenfalls eine größere Sicherheit erzielt werden, als sie durch abstrakte Fassungen einzelner Rechtsordnungen gewährt werden kann.[3]

des Art. 18 des *code civile* die Möglichkeit einer Prorogation der gerichtlichen Zuständigkeit nicht anerkannt. Später wurde diese Regel durchbrochen und sie galt nur noch für Verträge, in denen französische Staatsbürger die Zuständigkeit eines fremden Gerichtes vereinbart haben (Francescacis, *op. cit.,* S. 16). In der deutschen Praxis ist für Verträge unter heimatlichen Staatsbürgern ebenfalls keine Prorogation fremder Gerichtsbarkeit gestattet. Ausgenommen sind nur Verträge, die im Ausland erfüllt werden müssen. Die italienische Praxis hat eine Lösung im Prf. 2 des *codice civile* gefunden. Die USA, England und die Schweiz kennen diese Beschränkungen nicht. In Jugoslawien ist nach Art. 64 der Zivilprozeßordnung eine Prorogation der Gerichtsbarkeit unter inländische Staatsangehörige nicht gestattet. Nach Art. 454 gilt diese Regel auch für wirtschaftsrechtliche Verträge.

[2] In Frankreich erklären sich die Gerichte auf Grund des Art. 1 des *code civil* grundsätzlich für nicht zuständig. Auch hier ist heute jedoch ein Durchbruch vollzogen, denn die Vereinbarung eines französischen Gerichtes wird anerkannt, wenn eine Vertragspartei ihren Wohnsitz in Frankreich hat, oder wenn sich für den gegebenen Fall das ausländische Gericht für unzuständig erklärt hat. In anderen Ländern bestehen keine diesbezüglichen Beschränkungen.

[3] Die Vereinbarung über das anzuwendende Recht und die maßgebliche Gerichtsbarkeit wäre von einer weit grösseren rechtlichen Sicherheit begleitet, wenn sie als zwingende Vertragspflicht durch Kollisionsnormen oder als Bedingung zur Ausschließung der heimatlichen Rechtsordnung fixiert wäre (wie es in Art. 6 des einheitlichen Gesetzes für Kaufverträge körperlicher beweglicher Sachen vorgesehen ist). Sollten die Parteien dieser Pflicht nicht nachkommen, dann sollten subsidiär das Recht des Wohnsitzes des Verkäufers oder die *lex fori* gelten. Nähere Betrachtungen dieser Frage könnten Gegenstand eines besonderen Studiums bilden. Sie könnten uns zeigen, ob eine solche

Die zwingenden Kollisionsnormen werden heute zur Erleichterung des Rechtsverkehrs geopfert. Das diese eine gewisse Vertragsdisziplin enthalten, werden sie durch zwingende Rahmenvorschriften ersetzt, die mit Hilfe der Grundsätze des *ordre public* die Interessen der heimatlichen Vertragsparteien und damit auch die Interessen einzelner Staaten sichern.

Musterverträge einzelner Handelsgesellschaften geben den Vertragsparteien die Möglichkeit einer Einsicht in sämtliche Bedingungen des Vertragsabschlusses. Es muß aber betont werden, daß diese Möglichkeit nicht immer erschöpft werden kann, denn Zeit und fachmännische Auslegung und andere Umstände können die Bedeutung einzelner Vertragsklauseln ändern und zu Schäden führen. Die Rechtssicherheit wäre demnach in den Musterverträgen immer einseitig.

In den Genfer Musterverträgen wird die oben genannte Einseitigkeit in größerem Maße gemildert.[4] Da aber ihre Anwendung nach den Grundsätzen der Parteiautonomie erfolgt, nach denen sie auch ganz oder teilweise ausgeschlossen werden können und auch die Kompetenz der Gerichte ungewiss sein kann, wird auch durch sie keine merkenswerte Änderung der rechtlichen Seite des heutigen internationalen Warenverkehrs erzielt werden können. Eine gründliche Lösung der dargestellten Probleme, die den Großteil der Institutionen, welche hemmend auf den Welthandel wirken, beseitigen könnte, wäre wohl in einer universellen Konvention zu suchen, durch die ein einheitliches Gesetz zur Ratifizierung käme, das sowohl die obligationenrechtlichen, als auch die sachen-rechtlichen Wirkungen eines Vertrages, seinen Abschluß, seine Gültigkeit, die Vereinbarung und Gültigkeit sämtlicher Klauseln, als auch die gerichtliche und schiedsgerichtliche Zuständigkeit sowie die Anerkennung und Vollstreckung ausländischer gerichtlicher und schiedsgerichtlicher Entscheidungen regeln würde. Nur so könnten materiell- und prozeßrechtliche Vorschriften den Parteiwillen ersetzen und die vielen Institutionen, welche den Parteiwillen ändern können, und deshalb eine Rechtsunsicherheit in den Vertrag bringen, ausgeschieden werden.

Lösung den Erfordernissen des heutigen internationalen Rechtsverkehrs entsprechen kann, wobei zu beachten wäre, daß den schuldrechtlichen Kollisionsnormen in immer größerem Umfang dispositiver Charakter zuerkannt wird.

[4] Eine gründliche Analyse der Genfer Musterverträge könnte uns zeigen, in welchem Maße ihre einzelnen Bestimmungen größere Nachteile für Verkäufer und Käufer hervorrufen können, in welchem Maße sie die Lösungen einzelner Fragen aus den nationalen Rechtsordnungen entnehmen und inwieweit sie für die allgemeine Praxis nützlich wären.

Noch immer herrschen skeptische Meinungen über die Möglichkeit einer internationalen Regelung des Kaufvertrages, wobei auf die Mißerfolge der bisherigen Bestrebungen zur Vereinheitlichung des internationalen Privatrechtes verwiesen und betont wird, daß noch keine einzige Konvention über den internationalen Kaufvertrag eine Rechtsgeltung durch Ratifizierung erzielen konnte. Trotzdem muß aber ein bemerkenswerter Erfolg auf diesem Gebiete, besonders im letzten Jahrzehnt durch die 7. Haager Konferenz 1951 bis zu den Genfer Musterverträgen, anerkannt werden. Wir können eine stufenweise Ausschaltung der Meinungsverschiedenheiten beobachten, es werden immer größere Bestrebungen zum Erzielen nützlicher und sachlicher Lösungen einzelner Probleme gemacht, seltener werden Kompromisse und gegenseitige Vorzüge angestrebt, steife Formen werden vermieden und so weiter. Alle diese Anstrengungen verweisen auf die Notwendigkeit einer gründlichen Besserung, die besonders dem internationalen Kaufvertrag zugute kommen wird. Die Regeln über den Kaufvertrag sind ja vorwiegend Bestimmungen rechtstechnischer Natur. Nach unseren Betrachtungen sollten sie den Besonderheiten des Warenverkehrs mit dem Ausland entsprechend angepasst werden. Die Unterschiede dieser Besonderheiten dürften nicht so groß sein, daß sie nicht überwunden werden könnten.

Vielleicht hielten sich die bisherigen Bestrebungen, eine Lösung aller dargelegten Fragen zu erzielen in einem zu engen internationalen Rahmen. Es sollte sich auch ein weiteres Forum, die UNO mit ihnen befassen. Denn jede Arbeit und jede Meinung wären ja willkommen. Auch hier stehen wir vor einer neuen Bestrebung, denn es steht eine Konferenz im Rahmen der UNO bevor, auf der Probleme des Welthandels zur Sprache kommen sollen.

LITERATURVERZEICHNIS

Antonijević, Z., *Privredno pravo, bankarski poslovi i hartije od vrednosti*, (1960).

Bartoš, M., *Kriza medjunarodnog privatnog prava* (1933).

Batiffol, H., *Conflits de loi*, (1956), „Principes de droit international privé," *Recueil des Cours à l'Académie de droit international de la Haye*, vol. 97 (1959).

Blagojević, B., *Ugovori po pristanku* (1934).

Colombos, C., „La conception du droit international privé d'après la doctrine et la pratique britanniques", *R.d.C.*, vol. 36 (1931).

Decroux, P., *L'autonomie de la volonté et l'ordre public en droit conventionnel marocain* (1952).

Daneff, S., „Conception du droit international privé d'après la doctrine et la pratique en Bulgarie," *R.d.C.*, vol. 33 (1930).

Diena, G., La conception du droit international privé d'après la doctrine et la pratique en Italie, *R.d.C.*, vol. 17 (1927).

Eisner, B., *Medjunarodno privatno pravo I–II* (1953–1956).

Farid, *Zum Abschlusse von Auslandsverträgen* (1934).

Foster, J., „La théorie anglaise du droit international privé, *R.d.C.*, vol. 65 (1938).

Frederico, L., „La vente en droit international privé," *R.d.C.*, vol. 93 (1958).

Gerardin, H., *De la loi applicable en vertu de l'autonomie des parties contractantes* (1919).

Gihl, T., „Lois politiques et droit international privé," *R.d.C.*, vol. 83 (1953).

Gutzwiller, M., „Le développement historique du droit international privé," *R.d.C.*, vol. 29 (1929).

Haudek, W., *Die Bedeutung des Parteiwillens im internationalen Privatrecht* (1935).

Homberger, W., *Die obligatorischen Verträge im internationalen Vertragsrecht nach der Praxis des schweizerischen Bundesgerichts* (1925).

Högtun, *Die Parteiautonomie und die universelle Vereinheitlichung des internationalen Privatrechts* (1955).

Jeanprêtre. *Les conflits des lois en matière d'obligations aux Etats-Unis* (1936).

Jezdić, M., Medjunarodno privatno pravo I–II (1961–1960).

Klein, F., „Autonomie de la volonté et arbitrage," *Revue critique de droit international privé*, 1958, 255–284.

Krulj, V., Zabranjeni poslovi u našem pravu," *Arhiv za pravne i društvene nauke*, 1956, 346–353.

Kuhn, A., „La conception du droit international privé d'après la doctrine et la pratique aux Etats-Unis," *R.d.C.*, vol. 21 (1928).

Lorenz, W., *Vertragsabschluss und Parteiwille im internationalen Privatrecht* (1957).

Lunz, L. A., Mezdunarodnoe castnoe pravo (1949).

Moser, R., *Vertragsabschluss, Vertragsgültigkeit und Parteiwille im internationalen Obligationsrecht* (1951).

Makarov, A., „Conception du droit international privé d'après la doctrine et la pratique russes (URSS)," *R.d.C.*, vol. 35 (1941).

Miranda, P., „La conception du droit international privé d'après la doctrine et la pratique au Canada," *R.d.C.*, vol. 53 (1932).

Neumann, V., *Vertragsgültigkeit und Parteiwille in Lehre und Rechtsprechung des internationalen Schuldrechts* (1930).

Neumeyer, K., „Autonomie de la volonté et dispositions impératives en droit international privé," *Revue critique*, 4/57, 579–604, 1/58, 53–79.

Niboyet, J., „La théorie de l'autonomie de la volonté," *R.d.C.*, vol. 16 (1927).

Nolde, B., „La codification du droit international privé," *R.d.C.*, vol. 55 (1936).

Olive, *Etude sur la théorie de l'autonomie en droit international privé* (1889).

Peritch, J., „Conception du droit international privé d'après la doctrine et la pratique en Yougoslavia," *R.d.C.*, vol. 28 (1929).

Puhan, I., „In fraudem legis agere," *Anali Pravnog fakulteta u Beogradu*, 1961, 156–165.

Stojković, S., *Obligacioni ugovori sa elementom inostranosti* (1961).

Sukjasović, M., *Pravni karakter dvostranih trgovinskih ugovora u Federativnoj Narodnoj Republici Jugoslaviji* (1958).

Surveyer, E. F., „La conception du droit international privé d'après la doctrine et la pratique au Canada," *R.d.C.*, vol. 53 (1935).

Treumann, W., „Die Parteiautonomie im deutschen internationalen Privatrecht," *Mellange*, Halle (1933).

Walter, S., „La conception du droit international privé d'après la doctrine et la pratique en Allemagne," *R.d.C.*, vol. 15 (1926).

Widmer, H., *Die Bestimmungen des massgeblichen Rechtes im internationalen Vertragsrecht* (1930).